Hansjörg Falz, MERIAN-Chefredakteur

Liebe Leserin, lieber Leser,

dies ist das dritte MERIAN-Heft über Würzburg. Zwischen der ersten und der aktuellen Ausgabe liegen 75 Jahre. 1948 erfand ein kleiner Kreis um den Verleger Kurt Ganske eine Monographienreihe über deutsche Städte und Landschaften. Würzburg kürten sie zum Thema der Erstausgabe. Warum ausgerechnet diese, damals zu mehr als 80 Prozent zerstörte Stadt? Das lässt sich heute nicht mehr mit Sicherheit sagen. Zum einen wohl, weil man, wie weiland Matthäus Merian am Ende des Dreißig-jährigen Krieges, auch nach dem Zweiten Welt-krieg Topographien erstellen wollte. Zum anderen, weil eine der berühmtesten Arbeiten des Kupfer-stechers und Universalgenies Würzburg darstellt.

Außerdem gehörte die Universitätsdruckerei der fränkischen Stadt zu den wenigen funktionstüchtigen Produktionsstätten für Printerzeugnisse. Über die Anfänge und die Entwicklung von MERIAN werden wir Sie auch in den kommenden Ausgaben in einem Jubiläumsteil informieren (siehe ab Seite 59). Immer natürlich mit Bezug zum jeweiligen Heftthema. Über den Zeitraum von 75 Jahren haben sich das Land, die Stadt Würzburg und MERIAN natürlich verändert. Auch davon können Sie sich mit diesem Heft ein Bild machen. Wie immer lernen Sie durch Interviews, Porträts und Reportagen die Stadt, die Region und ihre Menschen kennen. Einer davon ist Dr. Josef Schuster, Präsident des Zentralrats der Juden, mit dem wir uns zum Gespräch in der Universitätsstadt am Main, in der er lebt, verabredet hatten (siehe Seite 30).
Herzlich Ihr

Auf dem Titel der Erstausgabe: der Würzburg-Stich von Matthäus Merian. 1972 folgte das zweite Heft

Unseren kostenlosen Newsletter bekommen Sie unter merian.de/reisefieber

Der MERIAN-Podcast nimmt Sie mit auf Wochenendtrips in alle Welt: Reise-inspiration zum Hören auf **merian.de** und bei allen gängigen Anbietern.

 Folgen Sie uns auf merian.magazin bei Instagram. Oder begleiten Sie uns auf Facebook.

Readly Beim digitalen Zeit-schriftenkiosk Readly können Sie diese und andere MERIAN-Ausgaben auf dem Tablet oder Smartphone lesen.

46

GESAMTKUNSTWERK Hinter der barocken Residenz liegt der Hofgarten, angelegt im Stil des Rokoko

Inhalt

66

DURCH DIE REBEN Von der Würzburger Weinlage Stein aus hat man die Stadt perfekt im Blick

PARTYMEILE In der Sanderstraße reihen sich jede Menge Cafés und Bars aneinander, darunter die Bar »Hoffnung«

ARCHITEKTURPERLE Das Heizkraftwerk wurde zusammen mit dem angrenzenden Kulturspeicher umgestaltet

Würzburgs Wahrzeichen: die Alte Mainbrücke und die Türme von Rathaus und Dom zur blauen Stunde

Top 10

Klar sollten Sie Festung und Residenz nicht versäumen. Mindestens ebenbürtige Highlights sind für **Tinka Dippel** aber die Lebens- und Feierfreude der Würzburger. Ein Schoppen am Main ist dort gefühlt ein Grundrecht

1 RESIDENZ

Die jahrhundertelange Übermacht der Fürstbischöfe mag die Würzburger oft geärgert haben, sie hat ihnen aber unter anderem diese Augenweide beschert, die seit 1981 zum UNESCO-Welterbe gehört. Grundsteinlegung war 1720, 1781 wurde der homogene Barock-Prachtbau mit rund 300 Räumen fertiggestellt. Nicht ganz so lange dauerte der Wiederaufbau nach dem Zweiten Weltkrieg, als Würzburg fast komplett zerstört und auch die Residenz schwer getroffen war. Architektonisches Mastermind war Balthasar Neumann, dessen legendäres Treppenhaus Sie sich auf S. 48 näher ansehen können. Für mich ist das eigentliche Highlight aber das Gesamtkunstwerk, zu dem auch Hofgarten und Hofkirche gehören. Machen Sie eine Führung und tauchen Sie ein!
residenz-wuerzburg.de

2 ALTE MAINBRÜCKE

Die liberalste Kneipe der Stadt liegt mittendrin und besetzt quasi ihr Wahrzeichen: die Brücke über den Main mit ihren acht markanten Bögen. Jahrhundertelang war sie Würzburgs einziger Weg über den Fluss, bis heute ist sie der zentralste und mit Abstand schönste – wenn man denn überhaupt rüber

möchte. Sobald die Temperaturen es zulassen, wird dort vor allem fröhlich herumgestanden, Wein getrunken und hoch zur Residenz geblickt. Und das nicht erst nach Feierabend, sondern ab vormittags (S. 34).

3 FESTUNG MARIENBERG

So homogen die Residenz, so patchworkartig die Festung, von der die Fürstbischöfe rund 450 Jahre lang auf die Stadt herabblickten. Schon die Kelten bauten auf dem Marienberg, später stand dort eine Kirche, aus der eine Burg und später ein Schloss wurde. Vom Mainufer sind Sie in zehn Minuten oben – müssen sich dann nur noch Ihren Weg durch diverse Außenmauern bahnen und bekommen so einen Eindruck vom Schutzbedürfnis der einstigen Regenten. Kein Geheimtipp, aber dennoch ein Highlight: das Museum für Franken, wo Sie etwa dem Werk des bedeutenden Bildhauers Tilman Riemenschneider begegnen.
museum-franken.de

4 KÄPPELE

Wenn Studierende mit viel Energie Geld für die Sanierung einer Wallfahrtskirche eintreiben, sagt das viel über deren Beliebtheit: Mariä Heimsuchung, in

Würzburg liebevoll »Käppele« genannt, entstand unter der Leitung Balthasar Neumanns (siehe Residenz) im 18. Jahrhundert als Erweiterung einer Gnadenkapelle. Zum Käppele-Erlebnis gehören der Aufstieg über den Stationenweg mit 14 Szenen zum Leidensweg Jesu und die Blicke auf Fluss und Stadt. Und wem das Käppele so ans Herz wächst wie den Studierenden, der kann eine Patenschaft für einen der Engel im Innern übernehmen.
kaeppele-wuerzburg.de

5 WEINLAGE STEIN

Was die zum Teil sehr steile Lage Würzburger Stein nördlich des Stadtzentrums so besonders macht, erklärt Ihnen mein Kollege Jonas Morgenthaler ab S. 66. Ich lege sie Ihnen stellvertretend für die Weinkultur der Stadt ans Herz. Die Würzburger und ihr Schoppen, das ist eine leidenschaftliche, jahrhundertealte Liebesgeschichte, die vielen Widrigkeiten getrotzt hat. Und nochmal zum Steinwein: Den wusste schon Goethe, der Allgegenwärtige, sehr zu schätzen!

6 KULTURSPEICHER

Was Architektur alles vermag, davon kann Würzburg eine Menge erzählen: Macht demonstrieren, Zerstörtes rekonstruieren, pragmatisch Wohnraum schaffen – oder, wie hier im Alten Hafen, ein ganzes Gelände neu beleben. Das Architekturbüro Brückner & Brückner baute ein altes Speichergebäude zu einem voluminösen Museum um (S. 90). Gezeigt werden zwei sehr unterschiedliche Sammlungen: Konkrete Kunst aus ganz Europa und Werke, die den Charakter der Region widerspiegeln. Beide sehr sehenswert. Und doch ist mein Highlight

FOTOS: CHRISTINA KÖRTE, ANNA MUTTER (2), GENEHMIGT DURCH BAYERISCHE SCHLÖSSERVERWALTUNG, GEORG KNOLL

die Architektur, die auch das benachbarte Heizkraftwerk mit einbezieht. kulturspeicher.de

7 WÜRZBURGER KICKERS

In der Saison 2020/21 spielten sie immerhin mal wieder in der Zweiten Liga – wenn auch nur ein Jahr lang: die Kickers aus Würzburg. Unter den nach Sponsoren benannten Stadien ist ihre mehr als 13 000 Fans fassende »Flyeralarm Arena« mit ihrem Namen noch einigermaßen gut weggekommen. Sie liegt südlich des Zentrums und ist bestens kombinierbar mit dem Botanischen Garten der Universität direkt gegenüber. wuerzburger-kickers.de uni-wuerzburg.de/einrichtungen/bgw

8 UNTERER MARKT

Ich mag große Plätze für jedermann, diesen besonders – wobei seine Geschichte alles andere als schön ist: Hier, im heutigen Herzen Würzburgs, lag das einstige Judenviertel, das im 14. Jahrhundert vernichtet wurde. Auf der frei gewordenen Fläche bauten die Würzburger ihre Marienkapelle, um sie herum betrieben sie Handel, was sie bis heute tun. An vier Tagen die Woche findet ein Markt statt. Kaum ein Durchkommen ist während des Weindorfes Ende Mai/Anfang Juni und während des Weihnachtsmarktes im Dezember. Dass Würzburg längst wieder eine sehr aktive jüdische Gemeinde hat, erfahren Sie im Interview auf S. 30.

9 DOM ST. KILIAN

Mit Blick auf die doppeltürmige Schauseite der eng umbauten Bischofskirche des Bistums Würzburg würde man nicht denken, dass sich dahinter eine der größten romanischen Kirchen Deutschlands verbirgt. Sehenswert ist sie allein schon wegen des opulenten Domschatzes – und ein beeindruckendes Gesamterlebnis in Kombination mit ihren Nachbarn: mit dem Museum am Dom, der Kirche Neumünster und dem Kiliansplatz, auf dem sich diverse Künstler mehr oder weniger gelungen mit der Kirchengeschichte der Stadt und ihrem Schutzpatron, dem heiligen Kilian, auseinandergesetzt haben. museum-am-dom.de

10 VEITSHÖCHHEIM

Immer am Main entlang können Sie in 30 Minuten vom Würzburger Zentrum in diesen nordwestlich gelegenen Ort radeln. Sein Highlight: mal wieder ein fürstbischöfliches Schloss mit sehr erlebenswertem Rokoko-Garten. Und wieder mal hatte der Architekt Balthasar Neumann seine Finger im Spiel. Mehr zum Schloss und weiteren Ausflügen ab S. 112.

FOTOS: BARBARA LÖSCH, GEORG KNOLL

HAND AM HEILIGEN

Treffpunkt **Alte Mainbrücke**

Tinka Dippel bedauerte den heiligen Kilian auf der Alten Mainbrücke ein wenig: Weil er sich nicht umdrehen und den Blick auf die Festung genießen kann, so wie sie das in bester Würzburg-Manier mit einem Glas Wein in der Hand tat (S. 34). Aber Kilian ist nun mal der Schutzheilige der Stadt, er blickt auf ihr Zentrum.

BLICK VOM STEIN

Um in der Abenddämmerung zu zeigen, wie die Weinlage Stein in die Stadt übergeht, scheute MERIAN-Fotografin **Anna Mutter** keine Mühen. Die ideale Position fand sie auf der Überdachung eines kleinen Pavillons neben dem Weingut am Stein, die sie kurzerhand erklomm (S. 66).

NASE AM WEINFASS

Wie duftet so ein gärender Weißburgunder? Fruchtig-frisch, fand MERIAN-Redakteur **Jonas Morgenthaler,** als er auf seiner Wein-Recherche im Staatlichen Hofkeller mit Qualitätsmanager **Stefan Schäfer** (rechts) am Fass schnupperte (S. 66).

FINGER AUF DEM ALTEN WÜRZBURG

Jörg Meißner, Direktor des Museums für Franken, erklärte MERIAN-Chefredakteur **Hansjörg Falz** (rechts) einen kleinen Schatz von großem Wert: eine Ansicht von Würzburg aus dem Jahr 1633 – geschaffen vom Basler Kupferstecher Matthäus Merian, dem Namensgeber dieses Magazins (S. 64).

STÄDEL
MUSEUM

DER
GUIDO
GÖTTLICHE
RENI

KATALOG ZUR AUSSTELLUNG
ERSCHIENEN IM HATJE CANTZ VERLAG

EINE AUSSTELLUNG IN ZUSAMMENARBEIT MIT DEM MUSEO NACIONAL DEL PRADO, MADRID

GEFÖRDERT DURCH   KULTUR FONDS   STÄDELSCHER
MUSEUMS-VEREIN

MEDIENPARTNER   TAGESSPIEGEL   arte   KULTURPARTNER   hr2

Aus Ruinen gewachsen

Würzburg war nach dem Zweiten Weltkrieg fast komplett zerstört, die **Residenz** in weiten Teilen ausgebrannt. Ein Dokumentationsraum macht dort nun sicht- und nachvollziehbar, wie der Wiederaufbau gelang

Duch Fotos und Installationen werden Zerstörung und Verfall zum Teil des Raums und treffen dort auf Erläuterungen zur Bewahrung und Rekonstruktion

Zerstörungen, die längst behoben sind, über die eine in weiten Teilen neue Stadt gewachsen ist: Kann man sie heute noch erfahrbar machen? Man kann es versuchen, und das ist der Designagentur Eydos ziemlich gut gelungen. Sie hat sich dabei auf die Residenz konzentriert, wer dort heute durch die prächtigen Säle läuft, wird am Ende auf 60 Quadratmetern mit Würzburg in Trümmern konfrontiert. Fotos, Gegenstände und Filme veranschaulichen, wie die Stadt nach dem Krieg aussah. Entlang einer Zeitleiste am Boden gehen Besucherinnen und Besucher durch die Dekaden, vorbei an Trümmern, aber auch an Zeichnungen von Räumen und ihren Details und an Computeranimationen etwa vom Aufbau einer Kuppel. Im Zentrum der Dokumentation stehen die Arbeiten am Dach, am Grünlackierten Zimmer, am Fürstensaal und am opulenten Spiegelkabinett. Eydos erhielt für die Gestaltung 2021 den German Design Award.

FOTOS: EXDOS GMBH, WÜRZBURG/BAYERISCHE SCHLÖSSERVERWALTUNG, ANNA MUTTER (2), THOMAS HILDENBRAND: AUGUSTINUS, 2011/VG BILD-KUNST, BONN 2022, SIEBOLD-GESELLSCHAFT

SAISON-KIOSK

Auf ein Neues!

Mit dem Frühling kommt in Würzburg die Draußensaison, die in wenigen Städten so ausgiebig zelebriert wird wie hier am Main. Und mit ihr wird auch er wiederkommen: der »Hennes«, eine Art Pop-up-Café und -Weinbar am Ufer des Mains. Die schlicht-schöne Hütte und ihr modernes Interieur sind hübsch, am begehrtesten aber sind die Liegestühle, um den Blick auf Fluss und Festung zu genießen, mit einem Snack, einem Drink und Elektro-Musik. Im Herbst macht der »Hennes« sich dann wieder rar – bis zur nächsten Draußensaison.

Untere Johannitergasse 2, Instagram: @hallohennes, #hallohennes

SIEBOLD-MUSEUM

Die große Leidenschaft des Würzburger Naturforschers Philipp Franz von Siebold war Japan, der Hortensie »Otaksa« etwa gab er den Namen seiner japanischen Frau. Das Siebold-Museum erzählt von seiner Leidenschaft.

Frankfurter Str. 87, siebold-museum.byseum.de

AUGUSTINERKIRCHE

EIN HEILIGER MIT BAND ZUM HIMMEL

Die Augustinerkirche wurde fast 15 Monate lang modernisiert, jetzt ist ihr Innenraum stärker auf den Austausch zwischen den Besuchern angelegt. Zur neuen Offenheit passt die Skulptur »Augustinus« von Thomas Hildenbrand aus dem Jahr 2011: Der Heilige wird oft als Gelehrter dargestellt, der sich auf seine Schriften konzentriert, bei Hildenbrand wendet er sich den Menschen zu, während ihn ein leichtes Papierband umspielt, das gen Himmel zu schweben scheint.

Dominikanerplatz 2
augustinerkirche-wuerzburg.de

Betrug in Stein gemeißelt

Falsche Fossilien

1726 präsentierte Johann Beringer, Leibarzt des Fürstbischofs, einen Sensationsfund: angebliche Fossilien in großer Zahl, Frösche, Fische, Vögel. Doch die »Lügensteine« waren plumpe und noch dazu sehr offensichtliche Fälschungen. Einige sind in der Bibliothek der Uni Würzburg und im Museum für Franken zu sehen.
beringers-luegensteine.com

WÜRZBURG BASKETS

Oberste Körbe-Liga

Mehr als 3000 Zuschauer fasst die tectake Arena in der Sanderau, sehr oft ist sie ausverkauft. Denn dort spielen die Würzburg Baskets (bis Sommer 2022 s.Oliver Würzburg) und im Gegensatz zu ihren Fußball-Kollegen seit einigen Jahren in der Ersten Liga. Ihr Maskottchen strahlt aus gutem Grund so fröhlich in die Kamera: Es heißt Olli99 und soll einen Röntgenstrahl darstellen – eine sportliche Hommage an Wilhelm Conrad Röntgen, den berühmten Alumnus der Universität Würzburg. wuerzburg-baskets.de

WALTHER VON DER VOGELWEIDE

DER EWIGE DICHTER

Walther von der Vogelweide, der berühmte Dichter und Minnesänger des Mittelalters, hat große Teile seines Lebens in Würzburg verbracht, wo er schließlich auch starb. An ihn erinnert die Stadt an zwei schönen Orten: Nachdenklich sitzt er aus Stein gemeißelt auf dem Frankoniabrunnen vor der Residenz. Und im lauschigen Lusamgärtchen, gleich neben der Kirche Neumünster, steht ein Gedenkstein, der an einen Grabstein erinnert (obwohl er keiner ist) und an einen Wunsch des Dichters: Er wollte, dass an seinem Grab Vögel Futter finden. Vier kleine Mulden für Wasser und Körner sind in den Stein gefräst.

GROSSER FOTOWETTBEWERB
ZEIGEN SIE IHRE BESTEN BILDER

Jetzt mitmachen! Wir suchen Fotos zu: BARCELONA/KATALONIEN, FRANKREICH, NORWEGEN

Traumtour für 10 000 € zu gewinnen

»Die Lust am Reisen« – unter diesem Motto suchen MERIAN und CEWE die schönsten Leserfotos. Senden Sie Ihre Lieblingsbilder aus aller Welt ein! Hauptgewinn ist eine exklusive Tour im Wert von 10 000 Euro: Sie begleiten einen MERIAN-Fotografen auf seiner Recherchereise an ein besonderes Reiseziel. Mitmachen ist ganz einfach – und **Sie haben sogar zwei Gewinnchancen!**

In Kooperation mit CEWE, Europas führendem Fotoservice

1. CHANCE: LESERFOTO DES MONATS

Jeden Monat werden Ihre besten Fotos zum nächsten Heftthema gesucht: einfach online hochladen und mitmachen! MERIAN prämiert das beste Leserfoto und veröffentlicht es im Heft (s. S. 14). Die nächsten Themen: **Barcelona/Katalonien, Frankreich, Norwegen.** Ihre Fotos sollen einen Bezug zum jeweiligen Monatsthema haben, das Motiv darf frei gewählt werden: Ob Landschaftsbilder oder Straßenszenen – der Fantasie sind keine Grenzen gesetzt. Jeder Monatsgewinner erhält einen CEWE FOTOBUCH Gutschein im Wert von 50 Euro sowie ein MERIAN-Jahresabonnement.

2. CHANCE: FOTO DES JAHRES

Jedes hochgeladene Foto hat dazu automatisch die Chance, das Foto des Jahres zu werden. Für diesen Wettbewerb dürfen Sie auch Bilder von anderen Zielen einsenden. Alles, was zum Motto »Die Lust am Reisen« passt, ist erlaubt: Motive von besonders schönen, originellen oder amüsanten Momenten genauso wie Fotos, die im Gedächtnis bleiben. Die Auswahl trifft eine Expertenjury – und dem Sieger winkt eine exklusive Reise im Wert von 10 000 Euro.

Alle weiteren Infos: merian.de/leserfotos

FOTOS: MARKUS BASSLER, GULLIVER THEIS, GREGOR LENGLER, ISABELA PACINI

Mit nur einem zusätzlichen Klick können Sie auch am CEWE-Fotowettbewerb »Our world is beautiful« teilnehmen!

WALTER ERHARDT

»Es passt ganz gut zu Ostern«, sagt der passionierte Hobbyfotograf Walter Erhardt über dieses Foto, aufgenommen am Ostersonntag 2022 mit einer spiegellosen Vollformatkamera. Es war nachmittags gegen halb drei, als er, aus einem kleinen fränkischen Dorf zu Besuch in Würzburg, die Wallfahrtskirche Mariä Heimsuchung betrat, von den Würzburgern liebevoll »Käppele« genannt. Was ihn in dieser Situation in den Bann zog und was er spontan perfekt einfing, war die besondere Lichtstimmung, von der Architektur der Kirche auf dem Nikolausberg perfekt in Szene gesetzt. Erhardt ist pensionierter Pädagoge und Autor von Gartenbüchern, er fotografiert seit seiner Kindheit leidenschaftlich gern – eigentlich am liebsten in der Natur, die seinen Heimatort zwischen Bayreuth und Kulmbach umgibt. Um die 20 000 Fotos von Pflanzen hat er in seinem Archiv. Und nun auch diesen besonderen Lichtblick.

DAS SAGT DIE JURY

Katharina Oesten, MERIAN-Bildredakteurin: »Bei diesem schönen Motiv von Walter Erhardt bekommt das Wort ›Lichtmalerei‹ für mich eine neue Bedeutung. Als würden die Sonnenstrahlen durch die Linsen eines Objektivs in den Raum treffen und etwas Magisches preisgeben. Die Opulenz der barocken Pracht wird durch die Geradlinigkeit der Lichtstrahlen regelrecht durchbrochen und ergibt einen faszinierenden Kontrast. Und bei längerer Betrachtung hatte ich sogar das Gefühl, als wären die Strahlen die Erweiterung der Orgelpfeifen, die gen Himmel streben.«

»Als würden die Sonnenstrahlen durch die Linsen eines Objektivs etwas Magisches preisgeben.«

FOTOS: ANNE ERHARDT, ISABELA PACINI, WALTER ERHARDT

STADT MIT VIEL SUBSTANZ

Würzburg ist ein Gesamtkunstwerk aus Weinbergen, Architekturschätzen und dem Main, aus einem starken Lebenswillen, großer Feierfreude und viel Kreativität. Eine Entdeckungstour durch die Stadt

FOTOS **GEORG KNOLL** UND **ANNA MUTTER**

AM LIEBSTEN DRAUSSEN

... sind die Würzburger bei jedem Sonnenstrahl. Dann zieht es sie an den Main, der ihre Lebensader und Flaniermeile ist. Am »Main Kutter« holen sie sich Fischbrötchen, Fish & Chips oder ein kühles Getränk und genießen den Blick auf zwei Würzburger Berühmtheiten: Die Festung auf dem Marienberg war einst Sitz der Fürstbischöfe und setzt bis heute optisch der Stadt eine Krone auf. Und die Alte Mainbrücke ist sowohl ihr Wahrzeichen als auch ihre beliebteste Open-Air-Weinbar

STRAHLEND UND BILDSTARK

Ihr Volksmund-Name »Käppele« wirkt erstmal arg
verniedlichend für diese prächtige Kirche auf dem
Nikolausberg. Er erklärt sich aber leicht: Urzelle ist
eine kleine Wallfahrtskapelle, neben der dieser Bau
des Würzburger Architekten Balthasar Neumann
1748-50 entstand – später wurde auch die Kapelle
neu gebaut und mit der Kirche verbunden. Der lichte
Innenraum ist ein Gemeinschaftswerk von Neumann,
dem Stuckateur Johann Michael Feichtmayr und
dem Freskenmaler Matthäus Günther

HISTORISCH TIEF VERWURZELT

Das Weinhaus »Stachel« gilt als ältester Gasthof Würzburgs, seit mehr als 600 Jahren kann man hier in der Altstadt einkehren (diese Seite). Auch mehrere Jahrhunderte alt ist die rund fünf Gehminuten entfernte Alte Mainbrücke – mit Blick auf die Doppelturm-Fassade des romanischen Würzburger Doms. Aus derselben Architekturepoche stammt der 55 Meter hohe Turm des Grafeneckart, seinerseits der älteste Gebäudeteil des Würzburger Rathauses – nur die weiße Farbschicht ist deutlich jünger

FASSADEN MIT VIEL DAHINTER

Die reichlich mit Rokoko-Stuck geschmückten Mauern des Falkenhauses am Oberen Markt sind einzigartig. Während des Bombeninfernos von Würzburg am 16. März 1945 wurde es fast komplett zerstört, entwickelte sich aber zum Pflaster für die Stadtseele, weil es als eines der ersten Gebäude rekonstruiert war. Heute ist dort die Tourist Information untergebracht. Ein guter Tipp für Gäste sind die vielen gemütlichen Würzburger Cafés: Das mit dem vielversprechenden Namen »Vollmund« (links) liegt linksmainisch auf dem Weg von der Alten Mainbrücke hinauf zur Festung

EIN PLATZ FÜR GENUSSMOMENTE

Auf dem Unteren Markt trifft sich ganz Würzburg zum
Einkaufen, Austauschen von Neuigkeiten und natürlich auch
gern auf einen Schoppen Wein. An vier Tagen der Woche
findet hier der Grüne Markt mit vielen Produkten aus der
Region statt. Und sie steht immer mittendrin im Treiben: die
spätgotische Marienkapelle aus dem 14. Jahrhundert, im
wesentlichen erbaut von den Bürgern der Stadt – und daher
trotz ihrer Größe nach katholischem Kirchenrecht nur eine
Kapelle. Sehenswert sind die winzigen Läden an ihrer
Außenfassade, einst wichtig für ihre Finanzierung

AUF HOCHGLANZ GEBRACHT

Eine Kirchendichte wie in Würzburg ist selten, am Dominikanerplatz steht die Augustinerkirche, die der allgegenwärtige Balthasar Neumann im 18. Jahrhundert mit einem neuen Langhaus versah. Die goldverzierte Marienfigur unter ihrer Orgel wurde um 1720 von Jakob van der Auwera geschaffen. Cocktailbars gibt es nicht ganz so viele, aber teils sehr gute, etwa das »Chase« in der Bockgasse 3, das auch ein beliebter Club ist

RUNDHERUM WEINGEBETTET

Von Süden zeigt sich die Festung mit ihrer ganzen, von dicken Mauern umgebenen und mit Reben bewachsenen Breitseite. Ein selten beachtetes architektonisches Kleinod ist aus dieser Perspektive am Fuß des Marienbergs gut erkennbar: der Maschikuliturm, 1724-29 als Teil der Verteidigungsanlage mit Schießscharten errichtet – auch er von keinem Geringeren als Baumeister Balthasar Neumann

FOTO: GEORG KNOLL

BEI UNS WAR KLAR:

WIR LEBEN IN WÜRZBURG«

Als Arzt hat Josef Schuster in Würzburg seine Laufbahn begonnen, als Präsident des Zentralrats der Juden reist er heute durchs ganze Land. Nie aber würde er seiner Heimatstadt den Rücken kehren

INTERVIEW **KALLE HARBERG** FOTOS **GEORG KNOLL**

Josef Schuster, geboren 1954 in Haifa, Israel, wuchs in Würzburg auf, studierte dort Medizin und führte jahrzehntelang seine eigene internistische Praxis. Seit 2014 ist er Präsident des Zentralrats der Juden in Deutschland, 2020 wurde er außerdem in den Deutschen Ethikrat berufen. Für sein Engagement erhielt er das Bundesverdienstkreuz sowie den Deutschen Kulturpolitikpreis. Schuster lebt mit seiner Familie nach wie vor in Würzburg.

Ein Stapel aktueller Zeitungen, ein kleiner Süßigkeitenteller, eine Kanne frisch gebrühter Kaffee. Ein Konferenzraum wie Tausende andere an diesem Montagmorgen in der Bundesrepublik. Und doch besonders, allein schon, weil er sich in Würzburg befindet. Der Dachverband der jüdischen Gemeinden in Deutschland mag seinen Hauptsitz in Berlin haben, aber Dr. Josef Schuster, Präsident des Zentralrats der Juden, hat sein Büro trotzdem noch in seiner Heimatstadt – und zwar im Herzen der Altstadt. Draußen rattern die Straßenbahnen zum Main hinunter, drinnen schenkt der Präsident seinen Gästen Kaffee ein.

MERIAN: Dr. Schuster, in wenigen Berufen trifft man täglich so viele Menschen wie als Arzt. Gibt es einen bestimmten Würzburger Menschenschlag?
DR. JOSEF SCHUSTER: Eher einen unterfränkischen. Der Unterfranke ist von Haus aus, so empfinde ich es, ein eher verschlossener Mensch. Wenn er in ein Lokal geht, setzt er sich nicht so gern an einen Tisch, an dem schon Leute sitzen. Er braucht ein wenig Zeit, bis er

Freundschaft schließt. Aber wenn sie geschlossen ist, dann hält sie auch.
Trifft es zu, dass Sie – bis auf Ihr Zuhause – keine Ecke Würzburgs so gut kennen wie diese in der Altstadt rund um die Juliuspromenade?
Ja, das stimmt wohl. Zweiunddreißigeinhalb Jahre hatte ich hier meine Praxis. Und meine Facharztausbildung davor habe ich im Juliusspital auf der anderen Straßenseite gemacht. Ich bin dann also nicht mehr von der Juliuspromenade weggekommen.
Obwohl Sie Ihre Praxis 2020 schließlich an Ihren Nachfolger übergeben haben, sind Sie noch immer regelmäßig als Notarzt nachts in der Region unterwegs. Warum?
Die Notfallmedizin war von Beginn an mein medizinisches Hobby. Als Student bin ich Rettungsdienst gefahren und nach dem Studium dann mehr oder weniger nahtlos in die Position des Notarztes gewechselt. In der Notfallmedizin möchte ich fit bleiben.
Sie wurden in Haifa geboren, aber 1956, als Sie zwei Jahre alt waren, zog Ihre Familie zurück nach Franken, wo Ihr Vater lebte, bis er vor den Nationalsozialisten flüchten musste. Was war der Auslöser für die Rückkehr?
Es gab und gibt familiären Grundbesitz in Bad Brückenau, einer Kleinstadt etwa 80 Kilometer nördlich von Würzburg. Während der Nazizeit wurde dieser Besitz, darunter ein Hotel, enteignet. Mein Großvater hat ihn sich nach dem Krieg restituieren lassen und von Israel aus mit einem Verwalter vor Ort geführt. Wir reden von den fünfziger Jahren, damals gab es nur Brief und Telefon. Die Kommunikation hat erhebliche Probleme gemacht. Also hat sich mein Großvater mit

Anfang achtzig entschlossen, wieder nach Deutschland zurückzukehren und die Verwaltung seines Grundbesitzes selber zu übernehmen.
Und Ihre Eltern haben sich angeschlossen?
Mein Vater wollte seine betagten Eltern nicht alleine lassen und hat gesagt: Wir gehen auch nach Deutschland. Er hat sich von seinem Arbeitgeber in Israel erst einmal für zwei Jahre beurlauben lassen, dann aber nach der Rückkehr sehr schnell entschieden, wieder dauerhaft in Deutschland zu leben. In Bad Brückenau gab es allerdings keine jüdische Gemeinde mehr, die nächstgelegene war in Würzburg, also sind wir hierher gezogen.
Im Gegensatz zu Ihrem Vater hatte Ihre Mutter hier keine Wurzeln. Wie war es für sie?
Meine Mutter war Oberschlesierin und tat sich mit diesem Familienentschluss sicherlich schwerer. Ihre Eltern sind in Auschwitz ermordet worden. Sie hat auch später immer wieder davon erzählt, dass es für sie im Moment der Rückkehr das Schlimmste war, am Münchner Flughafen Polizisten in deutschen Uniformen zu sehen. Das war für sie ein Schock.
Das Wiedereinleben fiel also nicht leicht, und die Stadt befand sich damals noch im Wiederaufbau. Hat sich das alles auf Ihre Kindheit niedergeschlagen?
Nein, ich bin immer sehr bewusst in Würzburg aufgewachsen. Die Erklärung, man sei nur vorübergehend aus wirtschaftlichen Gründen hier, sitze auf dem sogenannten gepackten Koffer, bevor es in die USA oder nach Israel weitergehe, das gab es bei uns nicht. Bei uns war klar: Wir leben in Würzburg. Du bist ein jüdisches Kind in einem jüdischen

Fragmente der Geschichte: Die Grabsteine des zerstörten jüdischen Friedhofs sind heute ein integraler Teil des Museums Shalom Europa

Elternhaus mit jüdischen Feiertagen. Aber: Wir leben in Würzburg, ganz bewusst.

1998 wurden Sie zum Vorsitzenden der jüdischen Gemeinde Würzburgs gewählt, davor hatte Ihr Vater 38 Jahre dieses Amt inne. Hat das Zurückgeben an die Gemeinde bei Ihnen eine Rolle gespielt?

Es hat eine große Rolle gespielt. Einen Tag die Woche fuhr mein Vater zur Verwaltung des Grundbesitzes nach Brückenau, aber die anderen Tage war er im Prinzip zu Hause. Wir lebten anfangs in einer Drei-Zimmer-Wohnung – ein Zimmer für mich, eins für die Eltern und ein kombiniertes Wohn- und Arbeitszimmer. Viele Besuche aus der Gemeinde haben sich bei uns zu Hause abgespielt. Das habe ich mitbekommen und vieles dabei gelernt, ganz einfach, so nebenbei.

Ihr Vater hat sich auch für die Versöhnung mit den einstigen Verfolgern eingesetzt.

Ja, definitiv. Er ist jetzt nicht mit der Schelle in der Hand rumgegangen, um

sich zu versöhnen. Aber er hat Ehrlichkeit geschätzt. In einem Sommer zum Beispiel haben meine Eltern keinen Pächter gefunden für das Hotel in Brückenau und sich dazu entschlossen, es eine Saison lang selbst zu führen. Da war ich 16 oder 17, und Brückenau ist in dem Alter jetzt nicht ganz der Nabel der Welt. Aber es gab dort eine Fahrschule, deren Inhaber ein paar Jahre zuvor von sich aus zu meinem Vater ging und ihm sagte: Ja, ich war auch dabei – und es war ein Fehler. Und dann hat mein Vater zu mir gesagt: Nimm mal bei dem ein paar Fahrstunden.

Und wie war das für Sie?

Ich wusste das auch und habe es gesehen wie mein Vater. Auf der anderen Seite konnte der auch sarkastisch werden, wenn Menschen ihm erzählten, wie viele Juden sie versteckt hätten. Dann konnte er schon fragen: Warum haben Sie sie nach dem Krieg nicht freigelassen? Schön tun, das mochte er gar nicht, aber wenn einer ehrlich und offen war, das hat er anerkannt.

Welche Rolle spielte Franken für das jüdische Leben in Deutschland vor der Shoah?

Es spielte eine ganz entscheidende Rolle. Im 18. und 19. Jahrhundert gab es hier die höchste Dichte an jüdischen Gemeinden in Deutschland. Und Seligmann Bär Bamberger, ab 1841 Rabbiner in Würzburg, war einer der führenden Köpfe der modernen Orthodoxie.

Bis heute wird die jüdische Gemeinde hier geleitet im weltbekannten Stil des »Würzburger Rav«, wie Rabbiner Bamberger auch genannt wurde. Was bedeutet das?

Er hat die Gemeinde für seine damalige Zeit sehr weltoffen geführt. Seine Auslegung der Religionsgebote war: Meine Aufgabe ist es nicht, euch zu sagen, was ihr nicht dürft – meine Aufgabe ist es, euch zu sagen, was ihr dürft. Wir Würzburger sind heute eine mittelgroße Gemeinde mit etwa tausend Mitgliedern – sich in traditionell und liberal aufzuspalten, wäre überhaupt nicht sinnvoll. Das heißt nicht, dass alle Würzburger Juden orthodox leben. Es bedeutet aber, dass jeder die Möglichkeit hat, zu uns zu kommen, denn im Gemeindezentrum werden die Gebote des Judentums streng beachtet. Und letztlich sage ich immer: Wenn man am Schabbat kein Licht anmacht, kann der liberale Jude damit auch leben.

Ihr eigener Stammbaum in Franken reicht mehr als 400 Jahre zurück. Und Sie scheinen nie den Drang verspürt zu haben, Würzburg zu verlassen. Was macht die Stadt für Sie so lebenswert?

Würzburg bietet einfach eine Lebensqualität im kulturellen und gastronomischen Bereich. Besonders gerne gehe ich in die Würzburger Weinstuben. Und Würzburg ist eine überschaubare Stadt. Wenn man wie ich hier aufgewachsen ist, hat man doch eine ganze Menge Bekannte. Ich habe mich in Würzburg immer sehr wohl gefühlt.

Was ist Ihr Lieblingsort in der Stadt?

Der Rosengarten auf der Festung. Alleine schon durch den Blick auf die Stadt. Wenn ich in Würzburg Besuch bekomme, bringe ich ihn oft dorthin.

Gerade haben Sie Ihre Kandidatur für eine dritte Amtszeit als Zentralratspräsident bekanntgegeben. Wenn Sie von Ihren Zielen sprechen, dann fällt oft der Begriff von der Selbstverständlichkeit

des jüdischen Lebens in Deutschland. Wie nah dran oder wie weit entfernt sind wir von dieser Selbstverständlichkeit?

Ich habe das Gefühl, dass wir ein bisschen weiter davon entfernt sind, als wir es schon waren. Es geht jetzt nicht um Umfragen, es geht um Gefühle. Was an Hassbotschaften kommt, hat zugenommen. Die Pandemie hat mit den Querdenker- und Corona-Leugner-Demonstrationen, die von rechten Kreisen deutlich unterwandert wurden, ihren Anteil dazu geleistet.

In der Öffentlichkeit müssen Sie sich oft zu den Themen Antisemitismus und Shoah äußern – und würden sicherlich gerne öfters die Aufmerksamkeit auf die Vielfalt des jüdischen Lebens lenken. Für alle, die sie erleben wollen: Wie geht das am besten?

Einen guten Überblick über die Historie und die Bandbreite jüdischen Lebens verschaffen die jüdischen Museen. Am besten geht es mit Kontakten zu jüdischen Gemeinden, die immer wieder Führungen und Tage der offenen Tür anbieten. Für Gruppen gibt es vom Zentralrat zum Beispiel das Begegnungsprojekt »Meet a Jew«. Dabei kommt ein Gleichaltriger oder auch zwei in eine Schulklasse oder eine andere Gruppe, berichtet über das Judentum und beantwortet

Fragen. Und dabei kommt eigentlich immer raus: Die sind auch nicht anders als wir.

Und wo lässt sich in Würzburg jüdische Kultur erleben?

In Würzburg würde ich einen Besuch des jüdischen Museums Shalom Europa empfehlen, in dem traditionelles jüdisches Leben im 21. Jahrhundert gezeigt wird.

Das Museum befindet sich im neuen jüdischen Gemeindezentrum, das 2006 eröffnet wurde. Wie haben die Würzburger es angenommen?

Sehr positiv. Wie viele Bauten aus dieser Zeit ist es sehr offen, auch dank vieler Glasfronten. Und vor allem hat es eine Besonderheit, aber dafür muss ich ein wenig ausholen: 1987 wurden beim Abriss eines Gebäudes im Stadtteil Pleich 1491 jüdische Grabsteine entdeckt. Die stammten ursprünglich vom jüdischen Friedhof im Areal des Juliusspitals, später wurden sie als Baumaterial für das Markuskloster verwendet. Diese Steine stellen den weltweit größten Fund eines mittelalterlichen jüdischen Friedhofs dar. Auf ihrer Basis entstand letztlich das jüdische Museum im neuen Gemeindezentrum.

Wie wurden die Steine in das Museum integriert?

Einzelne Steine sind Wegweiser in der Ausstellung, zum Beispiel, weil jemand an einem bestimmten Feiertag geboren oder gestorben ist. Der Löwenanteil des Fundes, etwa 1470 Steine, ist aber in einem Archiv in einem Kellerraum gelagert, der vom Museum einsehbar ist. So ruht das neue Gemeindezentrum symbolisch auf den ältesten Funden der Gemeinde.

Das Museum Shalom Europa erstreckt sich über zwei Etagen des jüdischen Gemeindezentrums, erklärt von den Feiertagen bis zum Lesen des Talmud die Traditionen des Judentums sowie die bewegte Geschichte von Würzburgs jüdischer Gemeinde. Am Schabbat ist das Museum geschlossen, nach Absprache kann bei einem Besuch auch die Würzburger Synagoge besichtigt werden.
Valentin-Becker-Str. 11
museumshalomeuropa.de

MERIAN-Redakteur Kalle Harberg im Gespräch mit Dr. Josef Schuster in dessen kleinem Konferenzraum

WO DAS
LEBEN SO SPIELT

Ein Wahrzeichen mittendrin, eine Wohnstraße, eine Gasse,
ein Schloss, ein altes Industriegelände: fünf Ecken der Stadt und
warum sie Lieblingsorte der Würzburger sind

TEXTE **TINKA DIPPEL** UND **JONAS MORGENTHALER**

Beliebt: die Plätze
um die zwölf Brücken-
heiligen

185 Meter von
der Altstadt ins Main-
viertel: die Brücke
vom Flussufer aus

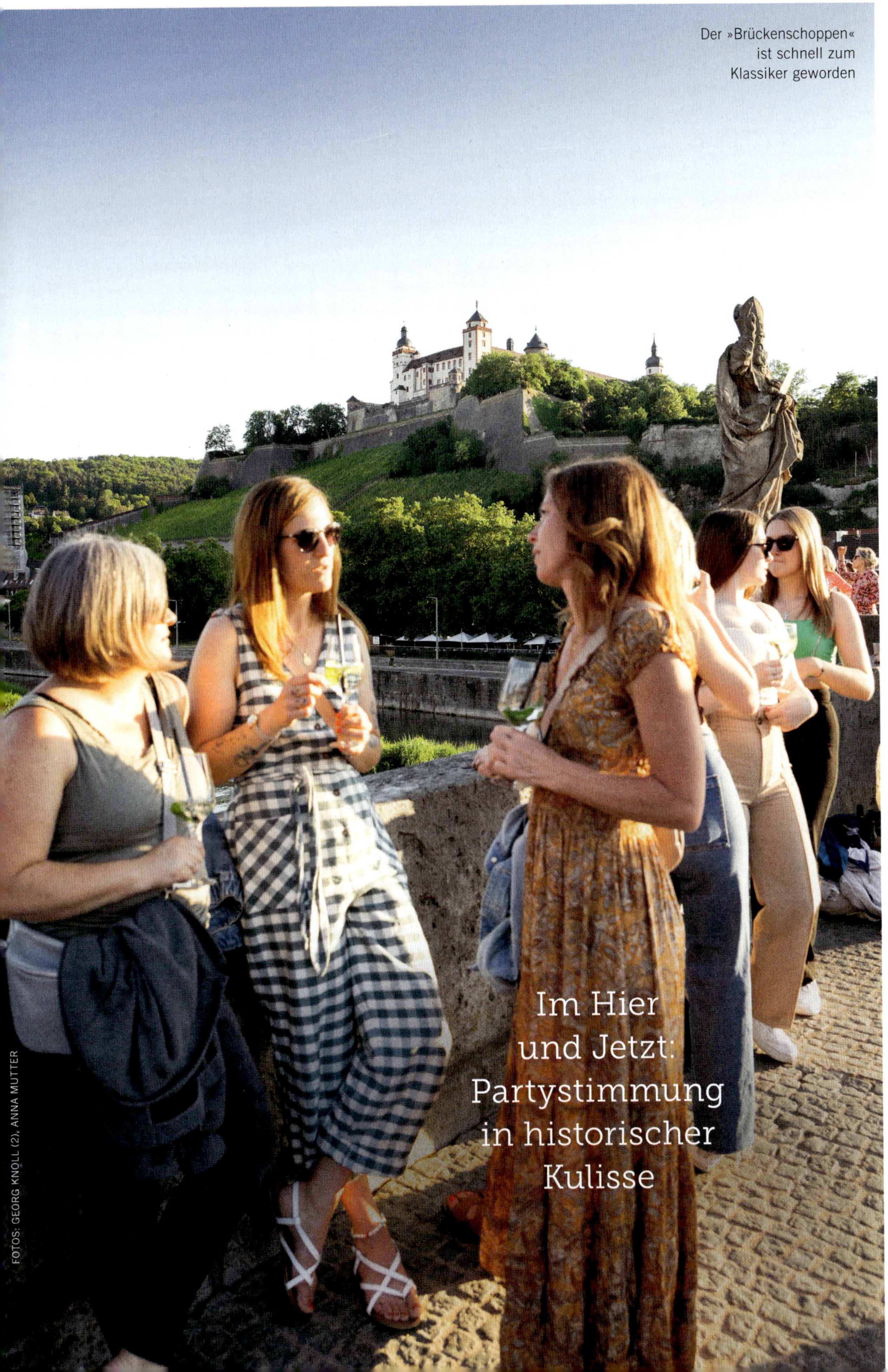

Der »Brückenschoppen« ist schnell zum Klassiker geworden

Im Hier und Jetzt: Partystimmung in historischer Kulisse

FOTOS: GEORG KNOLL (2), ANNA MUTTER

Wo früher die Pferde und Lastwagen der Brauerei Bürgerbräu standen, haben sich hinter einer langen Glasfront Geschäfte …

… und das für sein Frühstück bekannte Café »Glück & Gut« eingerichtet

Die einstige Brauerei bietet Raum für Ideen

Auch die Trainingshalle der »Würzburg Baskets« befindet sich auf dem Gelände

FOTOS: ANNA MUTTER

Der Architekt Roland Breunig hat das neu belebte Bürgerbräu-Areal mitgeprägt

Vom Kinderbuch bis zur Software: Der »Kreativraum« ist ein gefragter Co-Working-Space

ALTE MAINBRÜCKE

Ein warmer, sonniger Tag unter der Woche, zwölf Uhr mittags: Die 17,5 Meter breite und 185 Meter lange Alte Mainbrücke ist gut gefüllt. Mütter mit Kinderwagen sitzen auf dem Gehweg und machen Pause, erste Grüppchen stehen beisammen und stoßen mit einem Schoppen an, zwei Brautpaare posieren neben steinernen Figuren, noch können Fahrradfahrer sich durchschlängeln. Je später der Tag, desto kniffliger wird dieser Slalom werden.

Denn diese Brücke ist längst nicht mehr nur Würzburgs ältester Weg über den Main, eine der ältesten Steinbrücken in Deutschland, das Wahrzeichen der Stadt. Seit ein paar Jahren ist sie für die Würzburger auch ihre »Weinbrücke«. Dort zu stehen und mit einem Schoppen in der Hand zur Festung zu blicken, von der die Fürstbischöfe den Würzburgern jahrhundertelang diktierten, was sie zu tun und zu lassen haben, das ist innerhalb – gemessen an der um die 900 Jahre alten Geschichte der Brücke – kürzester Zeit zum integralen Teil des Würzburger Lebensgefühls geworden.

Der »Brückenschoppen« funktioniert denkbar simpel und liberal: Die Würzburger und die immer zahlreicheren Würzburg-Touristen holen sich ein Glas Frankenwein. Und dann stehen oder sitzen sie damit dort, wo es ihnen in der Mittags- oder Abendsonne gerade am besten gefällt. Besonders beliebt sind die zwölf Ausbuchtungen, sechs auf jeder Seite, in denen seit 1725 die mehr als vier Meter hohen »Brückenheiligen« stehen, darunter Kilian, der Stadtpatron Würzburgs. Die Idee dazu hatte natürlich ein Fürstbischof, auf einem Prag-Besuch hatten ihn die Figuren auf der Karlsbrücke inspiriert.

Woher man den Frankenwein holt, das ist ein auf der Brücke gerne diskutiertes Thema. »Hier ist er am besten«, das sagen sowohl die Anhänger des Gasthauses »Alte Mainmühle« als auch die des direkten Nachbarn namens »mainwein Bistro«. Manch Insider geht noch ein paar Schritte weiter, zu »Köhlers Vollkornbäckerei«, die schenkt auch Wein aus und hat in der Auslage Quiche oder Brote dazu. Oder bis zum Eiscafé »Fontana« für ein paar Kugeln.

Zu stoppen ist der Schoppen jedenfalls nicht mehr, selbst wenn das vor einer Weile noch im Stadtrat diskutiert wurde. Auch das Ansinnen, dann eben das Radfahren auf der Brücke zu verbieten, fand keine Mehrheit. Und so müssen sie sich eben alle miteinander arrangieren, und jeder muss seinen Weg oder Platz finden auf diesem kleinen Streifen über dem Fluss. Die Fensterbänke des Kaufhauses, das innenstadtseitig direkt an die Brücke grenzt, sind schmal, aber ideal zum Draufsetzen – stünde da nicht dick und in Rot: »Bitte nicht setzen.« Diese Schrift ist nur kaum zu sehen, weil eigentlich immer jemand draufsitzt. Und wenn mal nicht, ist zu sehen, was ein rebellischer Würzburger daneben gekritzelt hat: »Ich setz mich hin, wo ich will.«

Alte Mainmühle Mainkai 1
alte-mainmuehle.de
mainwein Bistro Alte Mainbrücke 4
gwf-frankenwein.de
Köhlers Vollkornbäckerei Karmelitenstr. 1
koehlers-vollkornbaeckerei.de
Fontana Beim Grafeneckart 8
eiscafe-fontana.com

BÜRGERBRÄU

Sie fangen wieder an zu qualmen, die Kamine auf dem Gelände der ehemaligen Brauerei. »Bei einem haben wir ein Edelstahlrohr von der Zentralheizung eingezogen«, erklärt Roland Breunig. »Und an dem da vorne soll bald eine Holzfeuerung hängen.« Seit 2008 beschäftigt er sich mit dem Bürgerbräu-Areal, als Architekt, Investor und Entwickler zugleich. Die Kamine seien damals in schlechtem Zustand gewesen. Dennoch wollte er sie erhalten – weil sie an den ursprünglichen Zweck der Anlage erinnern. »Ein altes Gebäude ist wie ein alter Mensch«, sagt Roland Breunig. »Der hat ein paar Narben, ein paar Lach- und Kummerfalten, das macht ihn aus. Wenn er zu sehr geliftet ist, dann ist er niemand mehr.« Bei einem Gebäude sei das genauso: »Wenn du es totsanierst, ist der Charakter weg.«

In seinem Architekturbüro steht das DKW-Motorrad seines Vaters. Breunig mag alte Dinge und will sie zum Laufen bringen, egal, ob es der Motor seines Zweitakters ist oder eine Brauereianlage von gewaltigen Ausmaßen. Das Bürger-bräu ist ein Industriedenkmal aus dem 19. Jahrhundert, entstanden durch den Erfolg einer Brauerei in Zell am Main: Die kaufte sich 1877 das rund 20 Hektar große Gelände am Rand des Würzburger Stadtteils Zellerau und ließ die moderns-te und größte Brauereianlage in Nord-bayern errichten, mit Kühlung und Pumptechnik, eigener Stromgewinnung durch Kohleöfen mit angeschlossenen Dampfmaschinen und eigener Eispro-duktion. Durch diese Infrastruktur kam das Bier stets frisch an, sogar wenn es über den Seeweg bis in die USA expor-tiert wurde. Noch 1986 wurden hier jähr-lich 300 000 Hektoliter Bier gebraut.

1989 aber war Schluss. Der Leerstand auf dem danach städtischen Areal bot Raum für ein autonomes Kulturzentrum und andere Nutzungen. In der Direk-tionsvilla richtete die Stadt das Siebold-Museum ein. Dennoch war die Zukunft des Bürgerbräus ungewiss. Es gab viele Pläne und Ideen, sogar von Abriss war die Rede. Bis Breunig das Areal 2012 kaufte, zusammen mit dem Besitzer der Sektkellerei Höfer, die heute einen Teil der Keller für die Versektung nutzt. Aus dem restlichen Gebäudekomplex ist ein Kreativ- und Kulturzentrum entstanden. Die Bauten wurden dafür saniert, dann verkauft, vermietet oder selbst genutzt.

Roland Breunigs Firma »Archicult« ist in die Büttnerei gezogen, wo einst die Fässer gefertigt wurden. Es gibt diverse Büroräume, ein Yogastudio, eine Tanz-schule, einen Co-Working-Space und Ateliers. Auch ein Hotel ist in Planung. Neben dem Architekturbüro versteckt sich die Trainingshalle der »Würzburg Baskets« – ein Überbleibsel der Idee, aus dem Gelände ein großes Basketball-In-ternat zu machen. Im Erdgeschoss des alten Pferdestalls haben sich einige Ge-schäfte und das Café »Glück und Gut« eingerichtet. Im Maschinenhaus, wo zwei gewaltige Dampfmaschinen Strom er-zeugten, finden jetzt Partys und Events statt. Zur Straße hin ließ Breunig den Boden abtragen und die Gewölbekeller öffnen. »Es gibt hier 22 Keller, die zu-sammen fast genauso groß sind wie die Weinkeller unter der Residenz«, sagt er. In Dreien davon laufen jetzt die Filme des Programmkinos Central. Die Miete ist nur halb so hoch wie bei den Büros.

Roland Breunig weiß, wie wichtig eine gute Mischung auf so einem großen Gelände am Stadtrand ist. Und so ist er auf das »Z87« besonders stolz: ein mietfreier, genossenschaftlich geführter Kulturkeller, viel Jazz, Literatur, kleine Bands, die laufenden Kosten werden über kommerzielle Veranstaltungen finan-ziert. Sogar Bürgerbräu-Bier wird aus-geschenkt. Es existiert wieder – als Spe-zialität von Würzburger Hofbräu, der letzten Brauerei der Stadt.

Bürgerbräu Frankfurter Str. 87
buergerbraeu-wuerzburg.de
glueckundgut.de, central-bb.de, kellerz87.de

WALDSCHÄNKE DORNHEIM

Ein bayerischer Biergarten, das sind Maßkrüge auf langen Tischen und Kell-nerinnen im Dirndl. Allerdings nicht in Franken – und schon gar nicht für die kreativen Köpfe, welche ab 2014 die Wirtschaft am Talavera-Schlösschen zur »Waldschänke Dornheim« umgewandelt haben, einer originellen Oase in der Zellerau zwischen einem kostenlosen 1000-Plätze-Parkplatz und den Main-wiesen. Klassisch mit Kies und Kasta-nien, aber eben doch ganz anders. Neben

Nachts verwandelt sich das Schlösschen in einen Electro-Club

Zum Durchtanzen: Das »Dornheim« ist ein angesagter Club für elektronische Musik

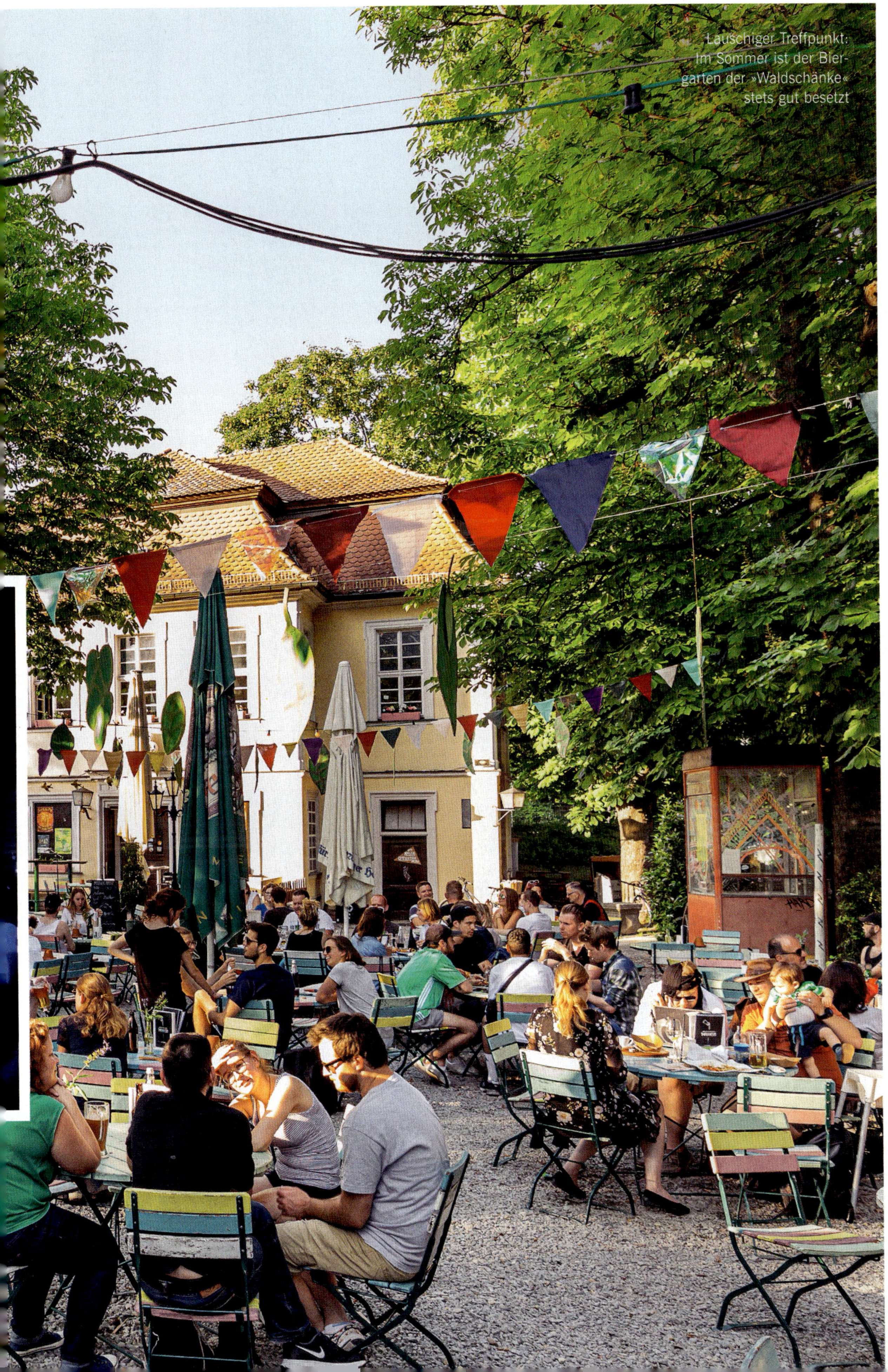

Lauschiger Treffpunkt: Im Sommer ist der Biergarten der »Waldschänke« stets gut besetzt

FOTOS: STEFAN BAUSEWEIN

The Woo Store und die geschmückte Gasse

Das »MainCake« und seine neuen Nachbarn

Marcus Topsnik mit seinen Kuchen, hier der Carrot Cake-Cheesecake

Möbel und Stoffe: im Laden von Dagmar Kopp

Kaffee und Keramik: an der Theke des »Café Vue«

dem Eingang ist ein Wagen zur Kunstgalerie »Geronimo« umgestaltet, gerade entstehen dort Klanginstrumente aus mitgebrachtem Schrott. Auf der anderen Seite beginnt der Barbereich, ein skurriles Potpourri mit ollen Lampenschirmen und bunten Schaufensterpuppen-Versatzstücken, wo regelmäßig DJs auflegen. Der Spielplatz dahinter heißt »Bucht« und ist mit einem ausgemusterten Motorboot ausgestattet. Im Biergarten selbst stehen pastellfarbene Tische und Stühle, auf einem sitzt Alexander Schmelz. Zusammen mit Patrick Hansel, der inzwischen nicht mehr dabei ist, hat er diesen Ort zu dem gemacht, der er jetzt ist: ein junger, offener Vergnügungsort mit langer Geschichte.

»Das ist der älteste noch bestehende Gartenbetrieb der Stadt«, sagt Schmelz. Er zeigt auf eine eigenartige, runde Vertiefung. »Und das ist der Brunnen aus der Barockzeit.« Wegen einer ständigen Überflutungsgefahr wurde nach dem Zweiten Weltkrieg aufgeschüttet, und der Brunnen versank im Boden. Im Lustschlösschen von 1719 war bis zur Übernahme eine Gaststube eingerichtet. Für die neuen Betreiber war schnell klar: Da muss ein Club rein.

Sie rüsteten die Räume um, zwei Etagen, zwei Bars, schwarze Wände, helle Türrahmen. Den zugemauerten Kamin haben sie so gelassen, wie er war. Die Plattenspieler fingen an zu drehen, die Gäste an zu tanzen. Schnell entwickelte sich das Schlösschen zu einem Fixpunkt der Electro-Szene. »Wir haben im Club Leute, die wirklich kommen wollen«, sagt Alexander Schmelz über die Partynächte abseits der klassischen Würzburger Ausgehachsen. Man achte auf die Gäste, der Frauenanteil sei hoch und das »Dornheim« auch bei der queeren Community beliebt.

In Zukunft will er es noch stärker zu einem Ort für alle machen, die eine Alternative suchen zu kommerziellen Angeboten im Würzburger Nachtleben. Immer noch Electro-Club, aber daneben auch mehr Kunst und Kultur. Eins ist schon jetzt klar: Hier wird weiter gefeiert – wie es sich in einem barocken Lustschlösschen gehört.

Waldschänke Dornheim Talaveraplatz
waldschaenke-dornheim.de

STERNGASSE

Manchmal braucht es nur ein gutes Rezept, und eine Gasse wird von einem Weg, den die Menschen durchlaufen, zu einem Ort, an dem sie bleiben. In der Sterngasse war dies ein Rezept für Cheesecake. Marcus Topsnik, einst als Flugbegleiter viel in den USA unterwegs, und Christian Kleinschnitz, gelernter Konditor, probierten sich durch, bis sie es gefunden hatten, dann variierten sie es. Rund 40 Sorten haben sie nun im Repertoire, 10 bis 20 Kuchen backen sie jeden Tag, und die sind manchmal schon am frühen Nachmittag weg – vor allem ihr *signature cake* mit Butterstreuseln. »MainCake« heißt ihr beliebter Laden, den sie vor rund sieben Jahren in der Sterngasse eröffneten. »Da war es manchmal schon ein bisschen einsam hier«, sagt Marcus, der an einem späten Nachmittag vor den drei letzten Stücken in seiner Vitrine steht.

Wenig später zog schräg gegenüber Dagmar Kopp mit ihrem in der Stadt bereits seit inzwischen fast 30 Jahren etablierten Laden für Möbel, Accessoires und Stoffe ein. 2021 kam links vom »MainCake« der Modeladen The Woo Store dazu, kurz darauf rechts das »Café Vue«, eine Mischung aus Café und Concept Store mit Keramik aus Portugal, Küchen-Accessoires, Saucen, Salzen, Chutneys und ähnlichem.

Und auf einmal ist diese leicht versteckte Gasse ein kleiner Hotspot, die wenigen Bänke draußen sind heiß begehrt, und Marcus fühlt sich weniger allein. Dagmar Kopp hat irgendwann ihre Nähmaschine angeworfen und bunte Wimpel genäht, die nun in diagonalen Bahnen über der Gasse wehen, in der es auch einen Goldschmied und einen Friseur gibt. Und wer weiß, was als nächstes einzieht.

MainCake Sterngasse 4
main-cake-wuerzburg.de
Dagmar Kopp Sterngasse 3, creationdk.de
The Woo Store Sterngasse 4, thewoostore.de

SANDERSTRASSE

Es ist Samstagabend. Immer mehr junge, feierfreudige Menschen ziehen vom Zentrum nach Süden, zur Sanderstraße. Aus »Tscharlies Musikkneipe« dröhnen dort nach Schweiß und Bier duftende Rockklassiker, im »Bison« dreht sich die Discokugel, im »Wohnzimmer« flackern Flatscreen-TVs. An der Fassade sind Sonderangebote ausgestellt: mittwochs Cocktails zum halben Preis, donnerstags ein Hefeweizen für drei Euro. Es ist kühl, aber noch nicht kalt, auch draußen stehen Gäste, rauchen, trinken und schwatzen.

Die Sanderstraße, das wissen alle hier, ist Würzburgs Partymeile, der Klassiker für feucht-fröhliche Abende in Bars, Clubs und Kneipen. Gleichzeitig ist sie Wohnstraße. Wie soll das gehen? Es geht, irgendwie – und das seit Jahrzehnten. Alteingesessene wie Thilo Wolf wissen das. Er betreibt in der Sanderstraße das Zeychen & Wunder. Die Mischung aus Laden und Galerie ist eine eigene kleine Welt zum Wohlfühlen. Im Hintergrund läuft Rock, Funk und Reggae, es herrscht Wohnzimmeratmosphäre. Hier verkauft der Designer allerlei hübsche, amüsante, auch mal absurde Dinge aus kleinen Manufakturen: illustrierte Bierfilze, Siebdruck-Karten, Upcycling-Uhren aus Schallplatten oder auf Holz gedruckte Szenen mit Anton, einer liebenswert-schrägen Figur. Thilo Wolf hat sie entworfen, oder wie er sagt: »Der ist mir zugelaufen.«

Der 52-Jährige kennt die Gegend um die Sanderstraße seit Jahrzehnten, ebenso wie Christoph, ein Nachbar, der gerade für einen Schwatz im Laden ist. Thilo kam Ende der achtziger Jahre nach Würzburg und begann, neben dem Studium im damals recht jungen »Kult« zu arbeiten. Über zehn Jahre ist er in der selbst verwalteten Kulturkneipe geblieben. Sie existiert noch heute, ein sympathisches Gastronomie-Urgestein mit Kulturprogramm und vegetarischen Gerichten auf der Karte. Manch ein Stammgast sei zuerst vor, dann hinter dem Tresen gestanden, erinnert sich Thilo und schmunzelt. »Wir haben die Belegschaft aus dem Publikum generiert.«

Mit Nachbar Christoph unterhält er sich über die Kneipen, die es damals hier gab: die studentischen »Schulschwänzerkneipen« (gleich drei Gymnasien befinden sich in der Nähe) oder fränkisch-bürgerliche Klassiker wie der »Reuererbäck« (heute noch eine der besten Bars der Stadt). »Hier war schon immer Party«, meint Christoph. Aber über die Jahre sei es lauter geworden auf der Sanderstraße. Er wohnt im fünften Stock und hat einmal bei sich vor dem Fenster den Lärmpegel gemessen. »75 Dezibel erreiche ich locker.« Ab 85 Dezibel ist am Arbeitsplatz ein Gehörschutz vorgeschrieben. Seit die Sperrstunde sich auf eine frühmorgendliche »Putzstunde« beschränkt, wird länger auf der Straße gefeiert – früher zog das Partyvolk um ein Uhr nachts weiter in die Clubs. Auch das Rauchverbot hält die Leute draußen. Da kommt es schon mal vor, dass nach Mitternacht dank Boombox und Mikrofon mitten auf der Sanderstraße eine spontane Rap-Performance beginnt, zu deren Publikum dann auch alle Anwohner in ihren Betten gehören. Der Club »Kurt und Komisch« hat inzwischen ein Awareness-Team, und die Initiative »Miteinander leben & feiern« schickt Nacht-Mediatoren in die nächtlichen Hotspots. Damit in der Sanderstraße auch in Zukunft weiter gewohnt und gefeiert werden kann.

Zeychen & Wunder Sanderstr. 31
zeychenundwunderwuerzburg.com
Kult Landwehrstr. 10, bei Facebook
Reuererbäck Sanderstr. 21
reuererback.webnode.page

Cappuccino und Retro-Flair: das »Café Rudowitz«

Für eine Party mit Poledance-Option: die Bar »Hoffnung«

Tagruhe: die Sander-
straße im Süden
des Stadtzentrums

Tags ruhig und entspannt, nachts laut und aufgedreht

Alteingesessen: Thilo
Wolf in seinem Laden
Zeychen & Wunder

Besonders am Wochen-
ende ist in der Straße
auch draußen viel los

FOTOS: ANNA MUTTER (3), GEORG KNOLL, CHRISTOPH ROSE

Kulinarik-Künstler aus Überzeugung

Nicht nur Würzburgs Winzer gehen wenige Kompromisse ein. Auch Köche, Café-Betreiber, Pizza- und Brotbäcker setzen köstliche Akzente

RUNDE SACHEN AUS ITALIEN

Eine Stadt, die so gern draußen lebt, braucht ein so flexibles Gericht wie Pizza – zum Mitnehmen und Vor-Ort-essen. Perfekt gelegen ist **La Piazzetta,** etwas versteckt, aber gleich um die Ecke von der Alten Mainbrücke. Man sitzt dort nicht spektakulär, aber ruhig, auf Bänken oder an den paar kleinen Tischen drinnen und draußen. Die Auswahl an Pizzen und Bruschetta ist groß und kreativ, die Zutaten sind vom feinsten. Und das schmeckt man (Büttnerstr. 7-9, la-piazzetta-würzburg.de). Mit seinen Pizzen hat sich Giuseppe Niceforo in gleich zwei ehemaligen Cafés etabliert: zuerst mit neapolitanischen Varianten im **Pepe im Cosmo** (Peterstr. 12, pepeimcosmo.de) und seit Kurzem mit römischen im **Pepe in Roma** (Herzogenstr. 6, pepeinroma.de). Im Repertoire sind auch gute vegetarische und vegane Varianten.

FRÄNKISCHE GESELLIGKEIT

Wenn Sie am zweiten oder vierten Montag im Monat in Würzburg sind und Ihnen am Abend nach Musik ist, dann suchen Sie die rote Fassade des **Weinhauses Schnabel** und gehen Sie hinein. In der mehr als 100 Jahre alten, holzvertäfelten Gaststätte findet dann das beliebte Wirtshaussingen statt. Dazu gibt es deftiges Essen von Leberknödelsuppe über Schnitzel bis zu geschnetzeltem Kalbsherz. Und natürlich fränkische Weine. Die urige Atmosphäre erleben Sie auch an jedem anderen Wochentag (Haugerpfarrgasse 10, weinhaus-schnabel.de).

Holzvertäfelt und äußerst beliebt ist auch das **Backöfele,** wo fränkische Klassiker wie Schäufele (Schweineschulter) und Blaue Zipfel (Bratwürste im Weinsud) auf den Tisch kommen. Im Sommer sitzt man auch im Innenhof sehr schön (Ursulinergasse 2, backoefele.de). Allein schon wegen der Lage direkt am Main empfehlenswert ist der Brauereigasthof **Alter Kranen** – und wegen der guten Bierauswahl (Kranenkai 1, alterkranen.de).

ZWEI BELIEBTE TILMANS

Sie sind beide nach Tilman Riemenschneider, Würzburgs berühmtem Bildhauer und -schnitzer, benannt und beide sehr beliebte, aber komplett unterschiedliche Restaurants: Im schlicht-schönen **Gasthaus Tilman** wird mit frischen Zutaten aus der Region gekocht – und das sehr gut und für alle Essgewohnheiten. Bedient werden die Gäste von Jugendlichen, das »Tilman« engagiert sich für deren berufliche Integration (Bronnbachergasse 10, gasthaus-tilman.de). **Tilman's Steakhaus** serviert, was sein Name verspricht: Steaks in allen Varianten und Größen. Seit 2013 befindet es sich im Hof zum Wolfmannszichlein, einem Gebäude, das im 13. Jahrhundert wurzelt und in dem einst Tilman Riemenschneider wohnte und arbeitete. Geschichtsträchtig ist auch das Steakhaus selbst, es hieß früher »Sam's«, zog nach seiner Gründung 1968 mehrmals um und gehört zu den ältesten Steakhäusern in Deutschland (Franziskanergasse 1a, tilmans-steakhaus.de).

Eis an der Residenz

Für viele Würzburger ist klar: In Sichtweite des barocken Prachtstücks gibt es das beste Eis der Stadt. Egal, ob Himbeer und Minze, Kürbis oder Gebrannte Mandel mit Zartbitterschokolade: Falsch wählen kann man im **Eiscafé Casa** quasi nicht – ebenso wenig beim Kuchen, den warmen Baguettes, feinen Tees und Kaffeespezialitäten.
Hofstr. 18, dascasa.de

Fenster zum Markt

Spitzenkoch Bernhard Reiser hat sich am Markt einen einfachen Traum erfüllt: Im **Aifach Reisers** wird spontan, nach Marktangebot und Stimmung gekocht. Wer sich drauf einlässt, wird in der Regel köstlich überrascht und genießt dazu einen super Blick auf das Treiben vor der Tür.
Marktgasse 2, der-reiser.de

Tapas am Main

Die Anfang 2022 eröffnete Tapasbar **Plou i fa sol** bietet viel mehr als eine Terrasse mit Blick auf Fluss und Festung. Was aus der offenen Küche kommt, ist hochwertig und gekonnt zubereitet, egal, ob *pan con tomate* oder Pulpo mit Kartoffelespuma und Chorizo-Öl. Gute iberische Weine.
Büttnerstr. 70
facebook.com/plouifasol70

FOTOS: ANNA MUTTER

1 Beliebt im »La Piazzetta«: Pizza mit Zwiebeln und Oliven 2 Ein idealer Ort für einen Schoppen ist das »Weinhaus Schnabel« 3 Café und Concept Store: das »Fred« 4 Das »Wunschlos Glücklich« bietet Kaffee, Kuchen und Kultur im Hinterhof

Wohnzimmer-Atmosphäre mit viel Geschmack: unsere liebsten Cafés

Gemessen an seiner Einwohnerzahl besitzt Würzburg viele gute Cafés. Das **Wunschlos Glücklich** liegt schön untrubelig in einem Hinterhof an der Bronnbachergasse. Seinem Namen alle Ehre machen sowohl die gemütlichen Innenräume und der kleine, sonnige Hof als auch die süßen oder deftigen Waffeln, die Panini, Stullen und die hausgemachte Limonade. Kinder bekommen gern halbe Portionen und viel Raum zum Spielen. Abends finden auf der kleinen Bühne oft Slams oder Lesungen statt (Bronnbachergasse 22 R, wunschlos-gluecklich.net). Auch im **Nähcafé Edeltraud** ist der Name Programm. Aber auch wer sich nicht an eine der Nähmaschinen setzen möchte, findet gute Gründe, um eine Weile zu bleiben: sehr guter Kaffee und selbst gebackene Kuchen zum Beispiel sind gleich zwei (Grabengasse 11, cafe-edeltraud.de). Ein Würzburger Szene-Favorit ist seit 2015 das **Fred,** inzwischen mit gleichnamigem Concept Store gegenüber. Die Einrichtung ist formschön, und was aus der Küche kommt, schmeckt einfach gut: vom Porridge über Brot mit Rote Bete bis zu Salat mit Falafel (Herzogenstr. 4, cafefred.de). Auf der anderen Seite des Flusses, im Mainviertel, hat 2020 das hübsche **Café Vollmund** eröffnet und den Beweis erbracht, dass ein vegan-vegetarischer Laden einer deftigen Stadt wie Würzburg guttut – er verzichtet auf tierische Produkte, spart aber nicht am Genuss (Zeller Str. 9).

EINFACH GUTES BROT

Das ist Sebastian Dülls Leidenschaft. Ende 2021 hat er seinen puristischen Laden eröffnet, die Laibe, die er dort verkauft, sind allesamt mit viel Zeit und besten Zutaten entstanden. Sechs Brote sind fest im Sortiment, das siebte wechselt täglich, und am Samstag gibt es auch eins mit Schokolade.
Theaterstr. 9, duell-brot.de

Ein großes Gesamtwerk: Die Fassade der Residenz misst 168 Meter, der elegante Hofgarten davor wurde im Stil des Rokoko angelegt

LUST AUF GLANZ UND GLORIA

Mitte des 18. Jahrhunderts entsteht am Rand
von Würzburg ein makelloser Prachtbau mit einem
unendlichen Spiegelkabinett und einem weltweit
einzigartigen Deckenfresko: eine Residenz für die
Fürstbischöfe, die Herren der Stadt

TEXT **FRANZ LENZE**

EXOTISCHE FRESKEN UND BAROCKE
BAUKUNST – ALLES FOLGT HIER EINER
MEISTERHAFTEN DRAMATURGIE

Z

Zwanzig, vielleicht dreißig Schritte sind es vom Eingang der Würzburger Residenz zum berühmten Treppenhaus, je nachdem, wie weit man ausholt. Vorbei an Minerva und Bellona, den beiden Göttinnen aus Marmor, hindurch unter den »Taten des Herkules«, die mit leichten Strichen die Decke zieren. Dann der Aufstieg. Ein paar Stufen die Treppe hinauf und schon fährt der Blick unwillkürlich in die Höhe. Bruchstücke eines exotischen Gemäldes blitzen auf, ein gigantisches Krokodil da, eine wogende Menschengruppe dort, überragt von einer Frauengestalt, barbusig, mit Bogen und buntem Federschmuck.

Mit jedem Schritt nach oben weitet sich das Bild, links und rechts tauchen Menschen mit Turbanen auf, Pyramiden sind zu sehen, Krieger, Vögel, ein Affe, der versucht, einem Strauß eine Feder zu mopsen, beleibte Engel, der Götterbote Merkur – ein Wimmelbild, eingebettet in einen Himmel, so aufgewühlt und klar wie nach einem Wolkenbruch. Und in der Mitte überragt stolz Apoll, der Sonnengott, die mythische Szene: Asia auf dem Elefanten, Afrika auf einem Kamel, Amerika mit abgeschlagenen Köpfen zu Füßen und Europa auf dem marmornen Thron. Die ganze damals bekannte Welt vereint in einem Bild.

Irgendwo in dem bunten Getümmel, seine Mütze im Nacken, blickt ernst der Meister des Freskos auf sein Werk: Giovanni Battista Tiepolo, geboren 1696 in Venedig. Tiepolo ist eine Berühmtheit in seiner Heimat, seine Wand- und Deckenbilder zieren Kirchen und Prachtbauten, in Udine hat er den Palast des Erzbischofs verschönert. Hier in Würzburg, erstmals außer Landes, übertrifft er sich nun selbst: Drei Jahre lang bemalt er mit seinen beiden Söhnen die Säle der Residenz, formt aus leuchtenden Farben Götter, Fürsten, Wappentiere und erschafft im Treppenhaus eines der größten Kunstwerke des Abendlandes. Nirgends auf der Welt existiert ein kolossaleres einteiliges Deckenfresko.

Sein spätbarockes Wunderbild lässt sogar fast die unvorstellbare Architektur des Treppenhauses vergessen: dieses leichte Gewölbe, etwa 600 Quadratmeter groß, in seinem Scheitel 23 Meter hoch, ohne eine einzige tragende Säule. Natürlich hat Tiepolo den Erbauer dieser Meisterleistung ebenfalls in seinem Deckenfresko verewigt: Lässig hockt Balthasar Neumann auf einer Kanone, den linken Arm forsch in die Hüfte gestemmt, die Augen wissbegierig in die Ferne gerichtet.

Balthasar Neumann: 1687 im böhmischen Eger geboren, Sohn eines Tuchmachers, das siebte von neun Kindern. Ein gelernter Glocken- und Geschützgießer, bewandert in der »Ernst- und Lustfeuerwerkerei«, der sich vom Soldaten zum Oberst hochdient. Sein Herz aber schlägt für die Architektur. Während seiner Dienstzeit lässt er sich in der

Grandioser Durchblick Die im Stil des Barock und Rokoko verzierten Kaiserzimmer im nördlichen Flügel der Residenz sind durch eine Raumflucht verbunden

1 Wimmelbild Giovanni Battista Tiepolo schuf das gewaltige einteilige Deckenfresko im Treppenhaus der Residenz – es ist das weltweit größte seiner Art **2 Denkmal** Am Brunnen vor dem Palast ist Würzburgs berühmter Bildschnitzer Tilman Riemenschneider verewigt **3 Kunststück** Das Gewölbe über dem Treppenhaus ist bis zu 23 Meter hoch, misst rund 600 Quadratmeter und braucht keine einzige tragende Säule

»Militär- und Zivilbaukunst« ausbilden, inspiziert später in Wien Schlösser und Kirchen, in Mailand die Barockpaläste. Neumann ist ein hochbegabter Alleskönner. Und sein Talent und seine Weitsicht bei Bauplanungen fallen alsbald auch Würzburgs Fürstbischof auf.

Johann Philipp Franz von Schönborn ist ein Mann mit Lust auf Glanz und Gloria. Vor allem aber ist er Herr einer vollen Baukasse. Gerade hat ein Korruptionsprozess seinen Klingelbeutel mit 640 000 Gulden gefüllt, nach heutigem Maßstab wohl bis zu 30 Millionen Euro. Viel Geld für seinen Wunschtraum: für ein neues Würzburger Domizil, einen Prunkbau, der es mit Schloss Versailles aufnimmt, Europas Messlatte großherrschaftlicher Architektur. Die Frage ist nur: Soll er wirklich den unerfahrenen Neumann zum Baumeister küren? Was hatte der schon vorzuweisen? Drei Reihenhäuser nahe des Mainufers. Doch Johann Philipp Franz von Schönborn beweist Mut zum Wagnis: Er ernennt Balthasar Neumann zu seinem Ingenieurhauptmann.

Der Bau der Residenz beginnt im Mai 1720. Für Neumann ein Geduldsspiel: Als er mit seiner Arbeit beginnt, schiebt ihm der Fürstbischof erfahrene Architekten als Berater an die Seite, die Stars ihrer Zeit, die Franzosen Robert de Cotte und Germain Boffrand, auch Johann Dientzenhofer, der den Dom zu Fulda entwarf, und Johann Lucas von Hildebrandt, der Salzburg mit Schloss Mirabell verschönerte und Wien mit dem Belvedere. Dann, kaum stehen die ersten vier Flügel, die den nordwestlichen Hof umstellen, stirbt sein Auftraggeber, der Nachfolger zeigt kein Interesse am Bau, die Arbeiten liegen weitgehend brach, für Jahre. Erst als wieder ein Schönborn den Bischofsthron erklimmt,

immerhin der Bruder seines alten Gönners Johann Philipp Franz, kann Balthasar Neumann seine Arbeit weitertreiben.

Ab 1730 wird der Südblock gebaut, 1733 ist die Front des Ehrenhofs fertig, zehn Jahre später wird die Hofkirche geweiht. So entsteht am Stadtrand Würzburgs ein Prachtbau, makellos in seinen Proportionen, 168 Meter lang, mit einer Hofkirche, die sich – ein Geniestreich! – komplett in den Schlossbau einfügt. Ein monumentaler Bau, im Osten begrenzt durch die Stadtbefestigung, der, schaut man genau hin, fast eine Linie bildet mit Würzburgs sehenswerten Bauwerken: der Festung Marienberg, der Alten Mainbrücke und dem Dom. Als Napoleon, Frankreichs Kaiser, Jahrzehnte später mehrfach in Würzburg weilt, übernachtet er dreimal in der Residenz. Der Palast der Fürstbischöfe, lautet sein Urteil, sei der »schönste Pfarrhof Europas«.

Kein Wunder: Auch hinter der Fassade aus Sandstein wirkt die hohe Kunst des Barock, regiert die verspielte Welt des Rokoko. Mit Inbrunst erschafft Neumann rund 300 Säle und Räume, die den Ruhm der Residenz noch vergrößern. Den Gartensaal, dessen zwölf Marmorsäulen das Gewölbe mit dem Deckengemälde, das »Göttermahl« und die »Rast der Diana« von Johann Zick stemmen, umschwirrt von unzähligen Putten. Den Kaisersaal mit seinen zwanzig Halbsäulen aus rötlichem Stuckmarmor, jede rund neun Meter hoch, dessen prunkvolle, goldverzierte Kuppel durch Tiepolo veredelt wird. Auf einer seiner drei Fresken huldigt der Meister farbenfroh der Hochzeit von Kaiser Friedrich Barbarossa mit seiner zweiten Frau Beatrix von Burgund, die 1156 in Würzburg gefeiert wurde. Balthasar Neumanns Bau ist über und über mit prunkvollen Malereien verziert, kein Raum, kein Saal, kein Gang ohne Stuck, Ornamente oder Intarsienparkett.

BEVOR NEUMANN DIE RESIDENZ ENTWIRFT, BAUT ER REIHENHÄUSER. EIN ALLESKÖNNER

FOTOS: ANNA MUTTER/GENEHMIGT DURCH BAYERISCHE SCHLÖSSERVERWALTUNG

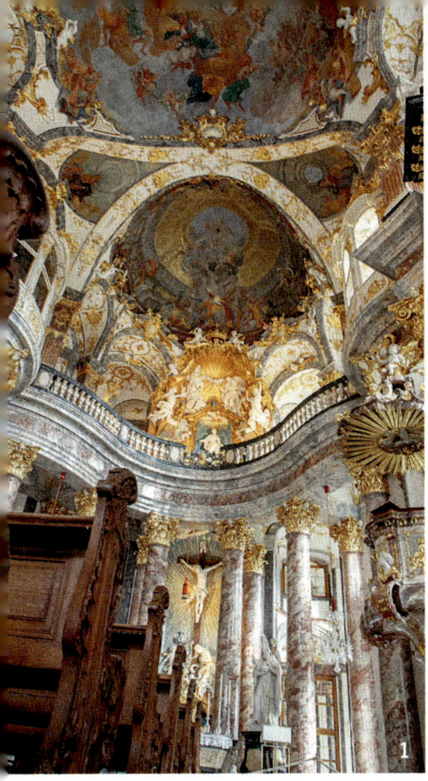

1

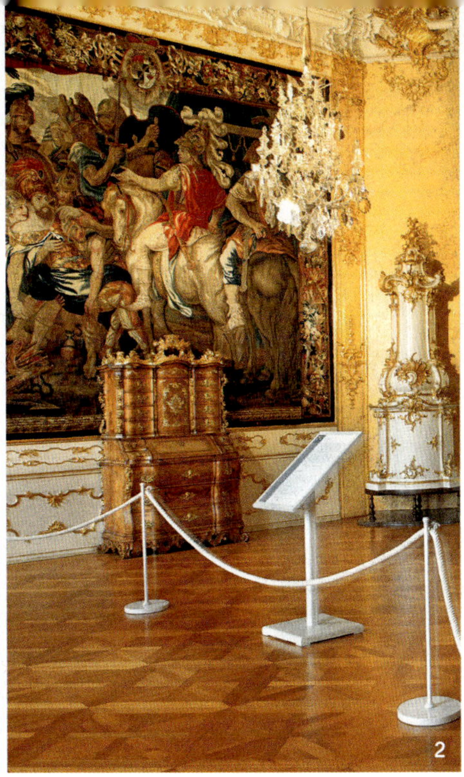

2

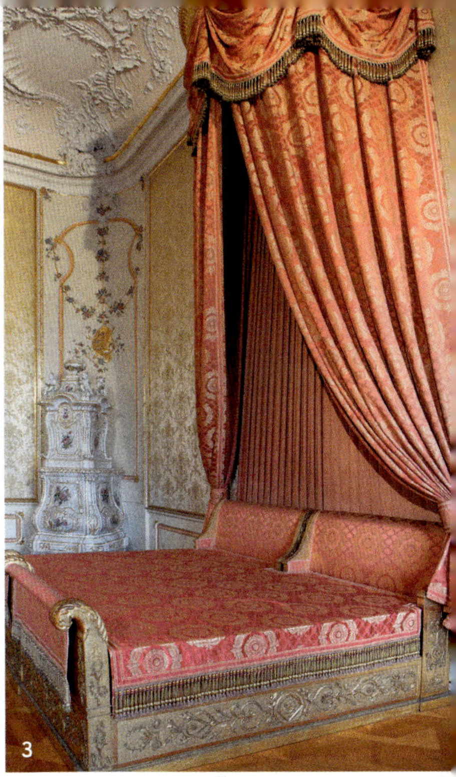

3

KEIN RAUM, KEIN SAAL, KEIN GANG OHNE STUCK, ORNAMENTE, PARKETT – UND ÜBERALL WIRKEN POMPÖSE MALEREIEN

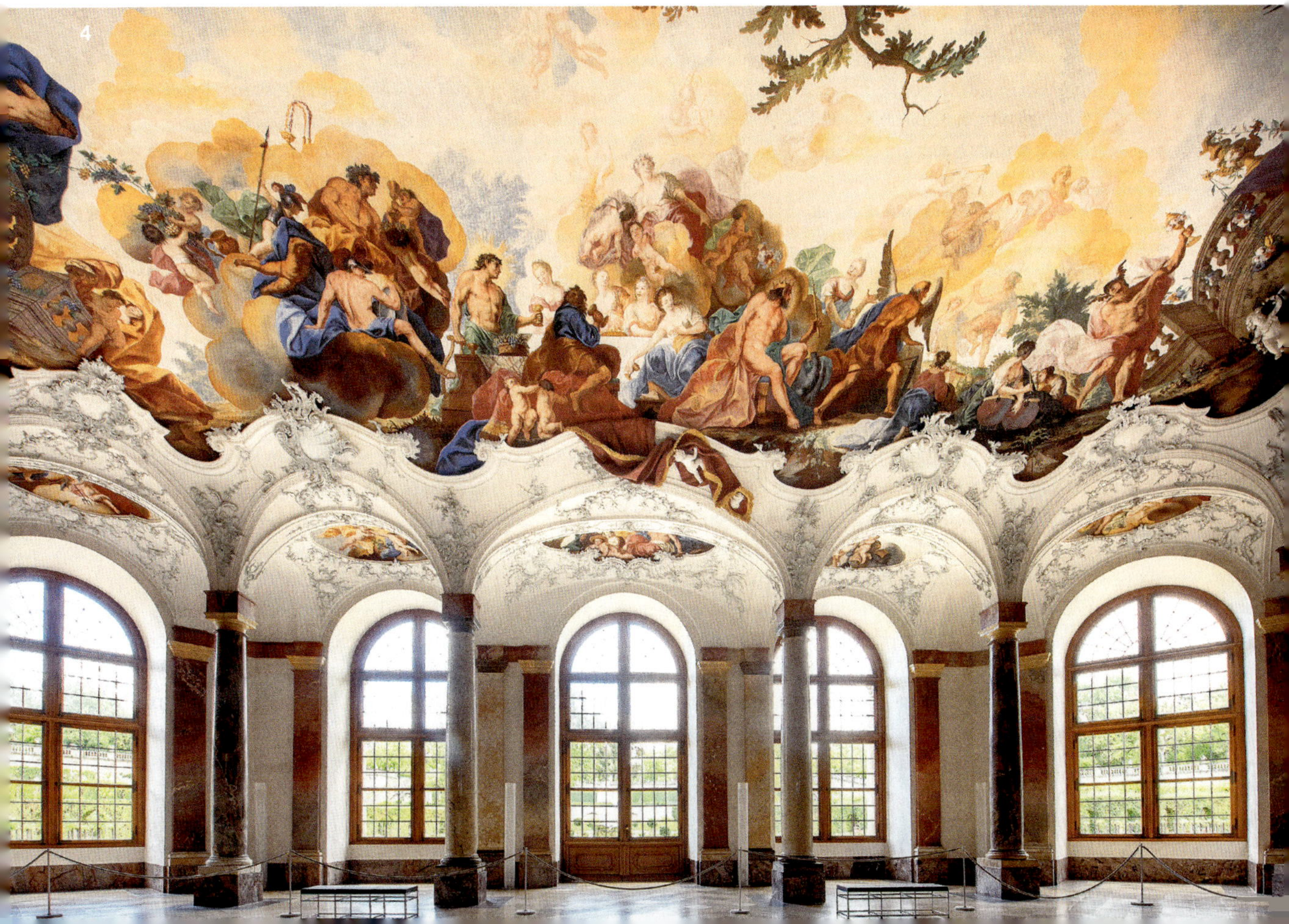

4

Üppige Schönheit Zwanzig Halbsäulen aus rötlichem Stuckmarmor runden den Kaisersaal der Residenz ab. Die goldverzierte Kuppel ist mit den Fresken Tiepolos veredelt

Ü berhaupt: die Spiegel! Wenige Schritte vom Kaisersaal entfernt, öffnet sich, ist man durch zwei Zimmer und einen weiteren Saal hindurch, das glitzernde Kleinod der Residenz. »Wahrlich«, schrieb ein früher Kritiker, »mehr Glanz und Pracht in einem Raume vereinen, dürfte Niemand gelingen.« Neun Meter ist das Spiegelkabinett lang, rund sieben Meter breit und noch ein kleines bisschen höher. So klein der Raum, so unendlich ist sein Funkeln: Jeder Zentimeter ist mit goldgerahmten Spiegeln und Glasscheiben bedeckt, die aufwendig mit Hinterglasmalereien verziert sind. Alles hier spiegelt sich in ewigen Wiederholungen ins Endlose, ein Feuerwerk aus Glas und Licht.

Die Residenz ist Balthasar Neumanns Triumph. Ihr Bau beschert der Stadt ein weiteres Wahrzeichen, dessen Strahlkraft weit über die Landesgrenzen, ja, auf ganz Europa wirkt. 1753, am 19. August, 28 Jahre, bevor das letzte Zimmer fertiggestellt ist, stirbt der Architekt. Den Leichenzug zur Marienkapelle führt ein Bataillon an, seinen Trauerwagen ziehen vier Pferde. Menschen säumen die Gassen, um Würzburgs Baumeister, geliebt »wegen seiner Kunst« und »seinem leutseligen Umgang«, die letzte Ehre zu erweisen. Und die Residenz? Sie überlebt ihren Meister – vom Brand des Dachstuhls 1896 abgesehen – beinahe unbeschadet um knapp 192 Jahre. Bis zum 16. März 1945.

IM SPIEGELKABINETT HERRSCHT EIN UNENDLICHES FUNKELN

Gut acht Wochen vor Kriegsende, abends gegen halb zehn, werfen britische Flieger in knapp 20 Minuten tonnenweise Sprengstoff und Hunderttausende Brandbomben auf Würzburg. Tausende Menschen sterben, die Stadt fällt in Schutt und Asche. Auch die Residenz brennt aus. Allerdings, notiert erleichtert ein Augenzeuge, sei der Bau »nicht zu Tode getroffen«. Vestibül, Gartensaal und Weißer Saal bleiben weitgehend verschont, das Treppenhaus und der Kaisersaal mit den einzigartigen Fresken Tiepolos überleben den Bombenhagel.

Schon kurz nach Ende des Krieges kehrt das Leben in die Ruine zurück. Zu verdanken ist das vor allem John Davis Skilton, einem Kunstschutzoffizier im Dienste der US-Army. Er sammelt Teerpappe und Holz – im kriegszerstörten Deutschland eine fast unmögliche Aufgabe. Er lässt ein Notdach über dem Mittelbau der Residenz und der Hofkirche errichten, damit Wind und Regen die Kunstwerke nicht noch stärker zerstören. Skilton legt den Grundstock für den Erhalt der Residenz. Ihre Rekonstruktion und Restaurierung dauert danach noch etwa 40 Jahre, das Budget: rund 20 Millionen Euro. Den Abschluss bildet 1987 die Wiedereröffnung des Spiegelkabinetts, dessen akribische Wiederherstellung neun Jahre gedauert hat. Würzburgs Residenz, Balthasar Neumanns Meisterstück, UNESCO-Welterbe seit 1981, bleibt der Stadt erhalten. Und dem Rest der Welt. ■

DIE KULINARISCHE REISEREIHE

unterhaltsam · sinnlich · überraschend

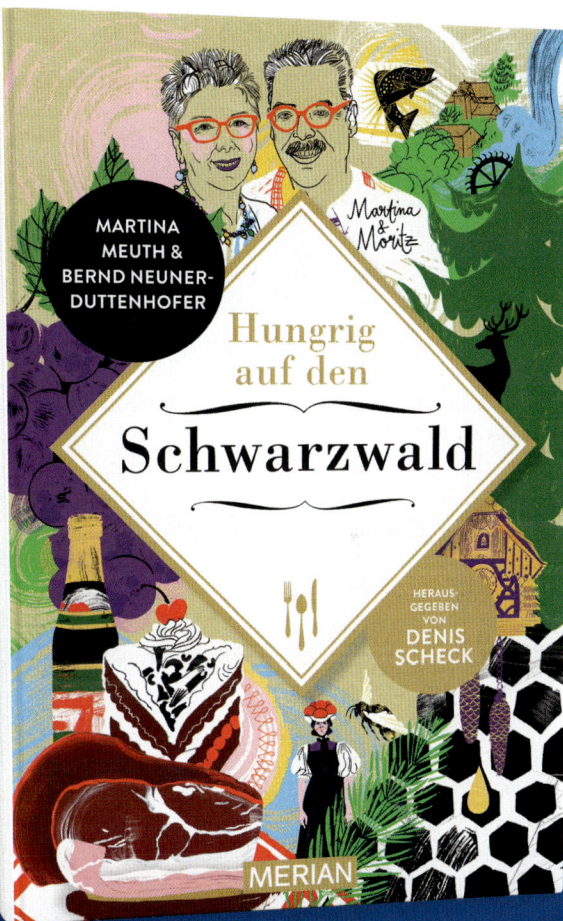

DER SUPERSTAR AUS DER MEHRZWECKHALLE

Von Würzburg-Heidingsfeld raus in die Welt!
Dirk Nowitzki zählt zu den besten Basketballern aller
Zeiten und zu den beliebtesten deutschen
Sportlern überhaupt. Unser Autor hat ihn sieben Jahre
lang begleitet. Ein Besuch an den
Orten, die den Riesen bis heute erden

W

TEXT **THOMAS PLETZINGER**

Wir beginnen ganz oben, in den Weinbergen über der Stadt, in der Dirk Nowitzki geboren wurde. Würzburg, im Juni 1978. Wir steigen aus dem Mietwagen voller Filmequipment, mit dem wir heute durch die spätsommerlichen Hügel nach Franken gefahren sind. Wir sind hier, um einen Dokumentarfilm über die Geschichte seiner Trikotnummer 14 in der Nationalmannschaft zu drehen – und dazu brauchen wir ein paar Bilder von Nowitzkis Herkunftsort. Unter uns liegt der Main, rechts die Festung Marienberg, mittig die Innenstadt und an den Hängen die Wohngebiete.

Dirk Nowitzki spielt schon seit ein paar Jahren nicht mehr, 2019 hat er seine Karriere beendet, aber er ist immer noch der beliebteste Sportler Deutschlands. In den USA ist er eine Legende dieses amerikanischen Spiels, zumindest ist es das, was die meisten Deutschen über ihn wissen: Dirk Nowitzki ist einer von uns, aber er hat es in Amerika geschafft, auf der anderen Seite der Welt. 21 Jahre lang hat er für seinen Club gespielt, die Dallas Mavericks, länger als jeder andere Basketballer der besten Liga der Welt. Er war wertvollster Spieler der Liga, Meister 2011, sechstbester Punktesammler aller Zeiten. Dallas liebt ihn, sie haben dort sogar eine Straße nach ihm benannt: den Nowitzki Way. Alle nennen ihn beim Vornamen – Dööörk! –, was nur den ganz Großen passiert. Kobe. Shaq. Mike. Nowitzkis strahlende Karriere ist eine komplette Unwahrscheinlichkeit für einen Jungen aus Heidingsfeld im Süden Würzburgs.

Jetzt wird Nowitzki auch in Deutschland geehrt. Er war 2022 Schirmherr der Basketball-Europameisterschaften, und am 1. September wurde sein Trikot vor 18 000 Zuschauern auf ewig aus dem Verkehr gezogen – die größtmögliche Ehre, die einem Basketballer zuteilwerden kann. Nie wieder wird ein deutscher Nationalspieler die 14 tragen, einen wie Dirk wird es nie wieder geben. Heute wollen wir uns ein Bild davon machen, wo für den großen Nowitzki alles begann. Wo kommt jemand her, dem die ganze Welt gehört?

Für mein Buch »The Great Nowitzki« habe ich Nowitzki sieben lange Jahre begleitet, war Dutzende Male bei ihm in den USA, wir waren unterwegs in China und Europa, im Madison Square Garden und der Hala Tivoli, im ZDF-Sportstudio und auf seiner Terrasse in Preston Hollow, Texas. Ich habe ihn im grellen Scheinwerferlicht beobachtet und bei der unbemerkten Arbeit an den Sozialprojekten seiner Stiftung. Ich habe einen großen Sportler kennengelernt, eine leuchtende öffentliche Figur und einen freundlichen, zugänglichen Menschen im Privaten. Akzentfreies Englisch und ein leicht rollendes, fränkisches R. »Bodenständig« ist das Adjektiv, das nahezu alle Menschen verwenden, wenn sie über Dirk Nowitzki sprechen. Und »Superstar«.

Würzburg liegt pittoresk und überschaubar im Tal. Provinz galore. Unser Kameramann filmt die Reben und Ausblicke in nostalgischem Super-8-Format. Gut vorstellbar, wie der zehnjährige Dirk dort unten durch die Straßen läuft, viel zu groß und knochig für sein Alter, Wassereis und erste Kinobesuche im Corso. Wie er mit 13 im Hinterhof seines Elternhauses stundenlang auf den Basketballkorb wirft. Oder wie er als Jugendlicher hier in den Weinbergen sitzt, wie Halbstarke eben in Weinbergen

> *Die Größten werden in den USA nur beim Vornamen genannt. Shaq. Kobe. Dööörk!*

sitzen, einer seiner Kumpels fährt, die anderen trinken Dosenbier, 1995, Wu-Tang Clan im Autoradio, »Shimmy Shimmy Ya«. Eine ganz normale Kindheit in Würzburg, Germany.

Der Kameramann ist fertig mit den Trauben und Träumen, wir fahren runter in die Stadt und unterhalten uns unterwegs über die großen Söhne und Töchter der Stadt, werfen Namen in den Raum. »Wilhelm Conrad Röntgen«, sagt der Kameramann, »Walther von der Vogelweide«, sage ich, »Heisenberg«, sagt er, »Nowitzki«, sage ich.

Wir fahren seine Orte ab. Der Kameramann macht seine Bilder, während ich darüber nachdenke, warum Dirk Nowitzki zu dem wurde, der er heute ist. Unser Weg führt vorbei am Dallenbergbad, dem »Dalle«, das mit dem roten Schriftzug über dem Eingang heute immer noch so aussieht, als wäre es 1995. Wenn man ihn heute fragt, kann sich Nowitzki immer noch an den Geruch der Pommes erinnern, an die Schreie der Teenager, Bombe vom Zehner! Die Warteschlange an der

1 Seine Gesangseinlagen waren berüchtigt, die Würzburger feierten ihren Dirk trotzdem frenetisch, als er 2011 NBA-Champion wurde 2 Auch zwei Verteidiger konnten ihn zu seinen besten Zeiten kaum stoppen 3 Der Basketballer und sein Biograf bei der Präsentation von Thomas Pletzingers Buch »The Great Nowitzki«

damals nagelneuen Wasserrutsche. Und dass er irgendwann nur noch selten herkam, weil er trainieren wollte.

Wir parken am Röntgen-Gymnasium, wo Dirk Nowitzki mit der Schule zu kämpfen hatte, Mathe und Chemie, »Wilhelm Meisters Lehrjahre« und Kurvendiskussion, blaue Briefe, Elternsprechtage und Nachhilfestunden. Hier hat er die ersten Körbe geworfen, weil die Schulmannschaft noch einen großen Spieler brauchte. Hier hat er den Spaß am Spiel gefunden. An die Mauer haben sie ein gigantisches Wandbild gemalt, eine drei Stockwerke hohe Comicversion von Nowitzkis einzigartigem Sprungwurf, dem einbeinigen Flamingo-Fadeaway, der mittelmäßige Schüler als Superheld. Vor ein paar Jahren hat Nowitzki sein altes Gymnasium besucht und das Bild mit Wandfarbe und Malerpinsel eigenhändig signiert. »All dreams are crazy«, hat er an die Wand gepinselt, »until you make them true«.

Am späten Nachmittag erreichen wir die Tennisplätze unten am Main, auf denen Dirk Nowitzki gelernt hat, was Sport für ein Kind bedeuten kann. Neben seiner Liebe zum Basketball waren da Tennis, Handball und Fußball auf der Wiese am Flussufer. Wenn man Nowitzki heute nach seiner Kindheit fragt, lächelt er und erzählt von den langen Sommersamstagen auf den Tennisplätzen der TG Würzburg, von den Matches seiner Mutter und dem roten Sand in den Klamotten. Und von den langen Wintersamstagen in der Turnhalle an der Schieß-hausstraße, vom Klubheim der Wirte Jakob und Engelbert, vom vorbestellten Schnitzel mit Pommes, von Gelächter und Gesellschaft. »Meine Eltern waren im Sportverein verwurzelt«, sagt er dann. Der Vater Handwerker und Handballer, die Mutter die Seele des Betriebs und Basketballerin. Mittlerweile ist auch Dirk Nowitzki wieder für die Tennis-Herren gemeldet, und wenn er in Würzburg ist, spielt er ab und zu ein paar Matches. Zumindest guckt er seinen Kumpels zu, wie früher.

In der Abenddämmerung drehen wir noch eine Runde durch das Viertel, in dem er aufgewachsen ist. Heidingsfeld, ein völlig normales Wohnviertel mit Ein-, Zwei-, Mehrfamilienhäusern, Mittelklassewagen und dem sommerlichen Geruch von Grillkohle. Irgendwo mäht jemand den Rasen. Die Nowitzkis wohnen immer noch in genau dem Haus, in dem Dirk einmal Kind war. Wo im Hinterhof der Korb stand, auf den Dirk geworfen hat, immer wieder und wieder. Es gibt den Ort noch, wo alles begann. Wenn Nowitzki jetzt mit seiner Frau Jessica und den drei Kindern nach Würzburg kommt, ist alles fast so, wie es immer gewesen ist. Nur der Korb ist mittlerweile abgeschraubt.

Später sitzen der Kameramann und ich auf der Alten Mainbrücke, mittendrin, und trinken den Weißwein, der in den Hügeln über der Stadt wächst. Über uns die Festung in der untergehenden Sonne, um uns das Sprachgewirr der Touristen, Englisch, Portugiesisch, Russisch. Wir spazieren durch den Stadtkern, dann vorbei am Barockschloss der Residenz, dem UNESCO-Welterbe, auf dessen Balkon Nowitzki 2011 die Meisterschaft der Mavericks gefeiert hat – mit 11 000 Menschen, die nächtelang zugeschaut hatten, wie ihr Dirk World Champion wurde. Bester Spieler im besten Team der besten Liga der Welt. Und wie er dann nach Hause kam, um mit ihnen allen die Siegerhymne zu singen, katastrophal schief zwar, aber herzlich. We Are The Champions, Nowitzki und Würzburg.

Am nächsten Morgen fahren wir raus an den Stadtrand, den Fluss aufwärts, in eine kleine, malerische Ortschaft namens Randersacker. Auf dem Rasenplatz des Sportzentrums Sonnenstuhl findet ein Sommercamp statt, man hört Kindergeschrei und Trillerpfeifen. Der Kameramann und ich schleichen uns unbemerkt in die Halle und filmen den taubenblauen Kunststoffboden. Die Linien für Handball, Volleyball, Basketball. Die Sonnenflecken auf dem Linoleum und die Weinberge hinter dem Fenster, die Seitenkörbe und Weichbodenmatten. Die Nostalgie ist greifbar, obwohl hier nichts auf Dirk Nowitzki hindeutet, keine Plakette, kein Plakat, keine Fotos oder Trikots.

Ich erinnere mich gut an einen Vormittag, als ich Nowitzki zum ersten Mal beim Training besucht habe. 2012 war das, er war gerade Meister geworden und galt für ein paar Monate als der beste Basketballspieler der Welt. Ein Wirtschaftsmagazin

»All dreams are crazy«, hat Dirk Nowitzki in seiner alten Schule unter ein Wandbild von sich selbst gepinselt, »until you make them true«

hatte ihn zum »Most Marketable Man in Basketball« gekürt – ein Athlet auf dem Gipfel der Vermarktbarkeit. Aber anstatt Werbefilme zu drehen, verbrachte er den Sommer in fränkischen Turnhallen, in Randersacker, Rattelsdorf und der Würzburger Feggrube, schuftete sich durch Konditionsübungen und feilte an seinem Wurf. Ein Superstar in der Mehrzweckhalle, ein Weltstar im Jugendzimmer. Ein paar Kinder vom Sommercamp kommen in die Halle und fragen, was wir hier machen. »Dirk Nowitzki«, sagen wir. »Ach«, sagt eins der Kinder. »Mein Vater findet, dass der der Beste war.« – »Mein Vater kennt den sogar«, sagt ein anderer Junge. »Die haben früher zusammen gespielt.«

Als wir die Halle verlassen, fällt mein Blick noch einmal auf die Anzeigetafel, die die Uhrzeit anzeigt. 11:41. Wir müssen los. Noch ein Blick in eine der Kabinen, wir machen Bilder der Holzbänke und Kleiderhaken, wie sie in jeder deutschen Turnhalle zu finden sind. Nichts Besonderes, nur der Geruch nach Socken und Duschgel, die Erinnerung an all die Trainingseinheiten und Spiele. Aber als wir über den Parkplatz zurück zum Auto laufen, wird mir klar, warum Dirk Nowitzki trotz aller Erfolge, trotz der internationalen Popularität, trotz der Millionengehälter, Autogrammjäger und Flutlichter immer noch als bodenständig wahrgenommen wird.

Würzburg ist eine Stadt wie viele andere deutsche Städte auch – aber sie ist Dirk Nowitzkis Stadt. Man findet noch immer die Orte, an denen seine Geschichte begann. Die Freiplätze, Tennisclubs, Schulhöfe. Weinberge, Wohngebiete, Mehrzweckturnhallen. Diese Orte erzählen von einem ganz normalen Jungen, der in seinem Kinderzimmer in Heidingsfeld saß, ein Poster von Scottie Pippen an der Wand und eins von Charles Barkley an seinem Schrank. Der morgens mit dem Bus zur Schule fuhr und nachmittags zum Sport. Der sich Mühe gab und trainierte und träumte. Wie wir alle.

Der dann auszog, um diesem Traum zu folgen, und in Dallas, Texas, zum besten deutschen Basketballspieler aller Zeiten wurde – und trotzdem immer wieder zu seinen Wurzeln zurückkehrte, in seine Stadt, in seine Straße und seine Mehrzweckhallen. Es sind Orte wie diese, in denen der Grundstein gelegt wurde für alles, was danach kam. Für die großen Spiele in den großen Arenen der Welt, die ganz großen Momente.

Ein Satz fällt mir ein, den ich mir vor Jahren nach einem Training in genau so einer Mehrzweckhalle einmal notiert hatte und der später der letzte Satz meines Buches über Dirk geworden war. »Dirk Nowitzki ist wie wir«, hatte ich damals geschrieben. »Nur viel, viel besser.«

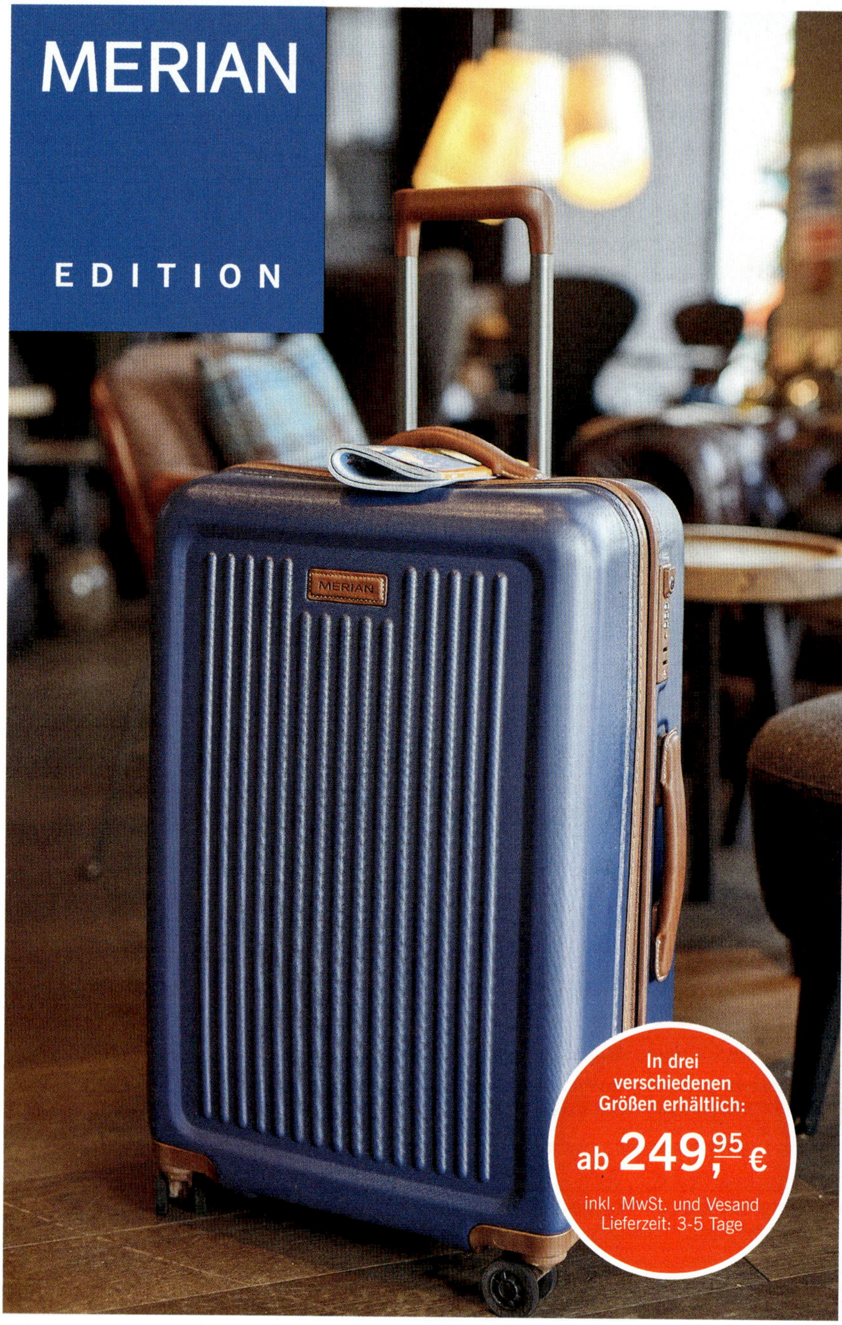

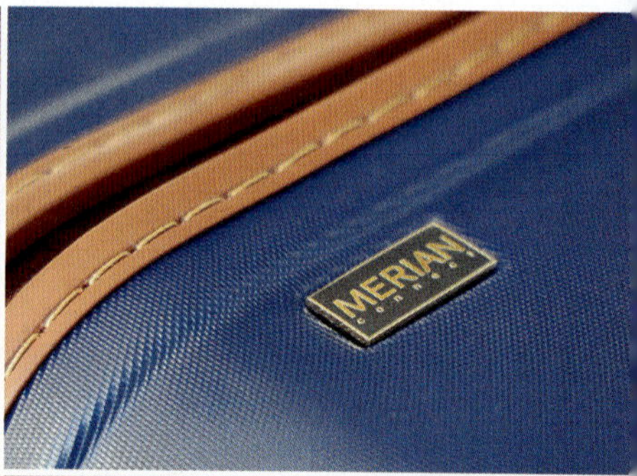

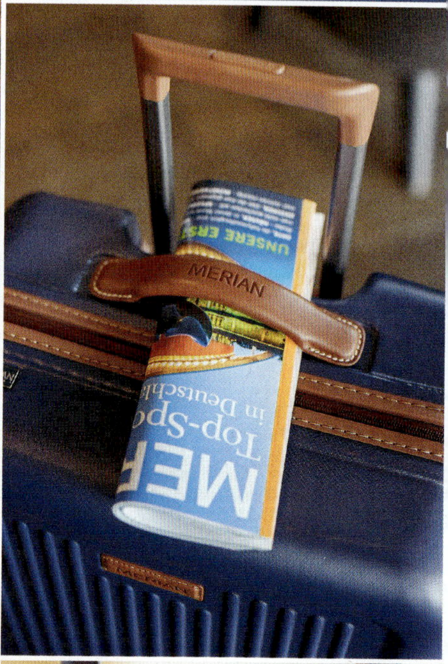

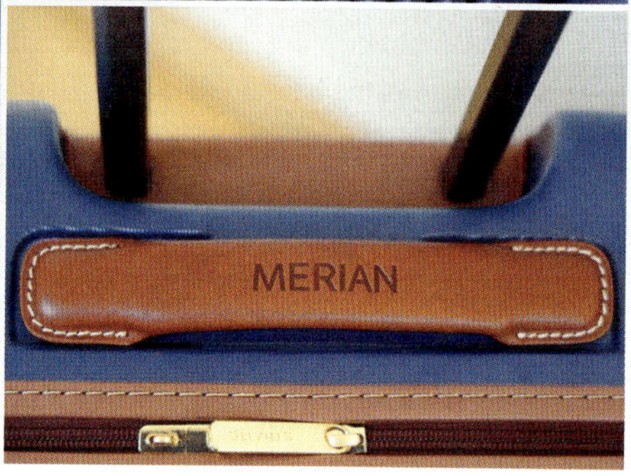

Ihr perfekter Reise-Begleiter

Sichern Sie sich jetzt Ihre stilvollen und hochwertigen Reisebegleiter der MERIAN EDITION, made by STRATIC, dem innovativen Traditionsunternehmen aus Hannover.

Direkt bestellen

merian.de/koffer

MERIAN EDITION
MIT KOSTENLOSEM DIGITALEN MERIAN-ABO (12 MONATE)

- Qualitätsgepäck „engineered in Germany“
- Robuste und langlebige Qualität
- Inklusive 5 Jahres-Garantie
- Smarte NFC-Technologie mit „Lost and Found“-Funktion, Packberater und Packlisten – steuerbar per Web-App
- In drei Größen mit 32-108 l Volumen erhältlich

STRATIC

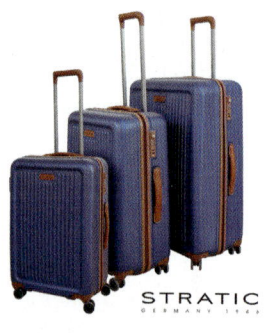

MERIAN

75 Jahre

1948-2023

»Merian«
STÄDTE UND LANDSCHAFTEN
Eine Monographienreihe

HERBIPOLIS. Würtzburg.

WÜRZBURG

EIN BILD UNSERER NEUEN WIRKLICHKEIT

Seit 75 Jahren porträtiert die Zeitschrift MERIAN Städte, Regionen und Länder und bewegt sich damit **auf den Spuren und im Geiste von Matthäus Merian,** dessen berühmte Städtebilder und Landschaftsschilderungen am Ausgang des Dreißigjährigen Krieges entstanden waren. 300 Jahre später hat der Verleger Kurt Ganske die Idee für seine Monographienreihe. Das Land liegt, wie 1648, in Trümmern

A uch Merian,« heißt es im Vorwort der Erstausgabe von MERIAN, »widerfuhr das Schicksal unserer Generation: vieles, was er geliebt und dargestellt hatte, sank durch den Dreißigjährigen Krieg in Schutt und Asche. Sein Wirklichkeitssinn, der ihn die Städte so scharf und getreu zeichnen ließ wie keiner vor ihm, erwuchs einem Daseinsgefühl, das zutiefst den Schauder der Vergänglichkeit erfahren hatte. Die Selbstverständlichkeit, mit der Merian dabei auf die Städte zurückgriff, muss uns zu denken geben. In der Tat sind sie die eigentlichen Elemente der europäischen Kultur, und ganz besonders sind sie es in Deutschland. Mögen sie auch heute zerstört daliegen, so verkörpern doch selbst die Trümmer noch einen Ordnungsgedanken, eine Lebensform, eine Kulturidee, und in dieser geistigen Gestalt sind sie unauslöschbar.«

Der ersten Redaktion wurde Matthäus Merian deshalb zum Vorbild, um auf seinen Spuren und in seinem Geiste ein aktuelles Bild vom Nachkriegsdeutschland zu zeichnen. Nach Hass, Machtpolitik und entfesselter Gewalt des Dritten Reichs, so der Plan, zeigte das in Hamburg ansässige Team, dass in den Herzen der Deutschen auch anderes wohnt: friedlicher Fleiß für den Wiederaufbau, ausgeprägter Schön-

Unter Verwaltung der amerikanischen Militärregierung wird im Juni 1948 die erste MERIAN-Ausgabe in der Würzburger Universitätsdruckerei H. Stürtz AG hergestellt. Auf dem Titel der Erstausgabe befindet sich der filigrane Kupferstich von Matthäus Merian aus dem Jahr 1633: »Würzburg, Ansicht von Norden«

heitssinn in ihrem Umfeld sowie der Wunsch nach Harmonie und Einklang im Miteinander. Unter den Bürgern, mit der Natur. Selbstverständlich schwang in der Berichterstattung auch immer die leise Trauer um unwiederbringlich verlorene Kulturschätze mit.

In der 80-seitigen Erstausgabe gibt sich die damalige fränkisch-bayerische kulturelle Elite ein Stelldichein: Anton Dörfler, der den Ersten Weltkrieg im 9. Würzburger Infanterieregiment überlebt hatte, dichtet »An den Main«, es folgt ein »Mainfränkischer Seelenspiegel« des mit Würzburg innig verbundenen Schriftstellers Friedrich Schnack, gefolgt vom »Gang durch das Weindorf«, verfasst von Georg Britting, Gründungsmitglied der Bayerischen Akademie der Schönen Künste. Die Dichterin Lina Staab besingt »Die alte Brücke«. Die weiteren beziehungsschwangeren »Begegnungen mit Würzburg« reichen von (nachgedruckten) Texten von Heinrich von Kleist und Max Dauthendey über frische Erinnerungen von Nobelpreisträger Hermann Hesse oder dem Dichter (und Redakteur) Anton Schnack. Viele der Bilder im Heft zeigen Werke des bedeutenden Bildhauers Tilman Riemenschneider aus Würzburg, aktuelle schwarz-weiße wiederum die Ruine Sankt Peter oder die ausgebrannte Residenz. Natürlich wird der meisterhafte Kuperstich von Matthäus Merian im Heft in seiner Gesamtheit dargestellt und beschrieben (siehe auch Seite 64). Abschließend entwirft Würzburgs Oberbürgermeister Hans Löffler, der von 1921 bis 1933 und erneut von 1946 bis 1948 die Geschicke der Stadt steuerte, ein »Zukunftsbild«. »Dürfen Bürgermeister träumen?«, lautet der erste Satz seines Essays.

Auch ein nachträglich kolorierter Merian-Druck befindet sich im Museum für Franken. In seinem stattlichen Grafikbestand bewahrt das Landesmuseum, das Jörg Meißner leitet, sowohl topografische Darstellungen als auch Blätter zur Geschichte und Entwicklung des ehemaligen Hochstifts und des alten Bistums Würzburg

TEXT **JÖRG MEISSNER**

MEISTERHAFTE RADIERUNG

Unter den frühen Stadtansichten Würzburgs, so Jörg Meißner, Direktor des Museums für Franken, ist Matthäus Merians Werk das wichtigste und zugleich ein Beleg für die Gestaltungskraft der Kunst im 17. Jahrhundert

Trotz mancher Kriegsverluste durch die Zerstörung des ehemaligen Museumsgebäudes im Jahr 1945 besitzt das Museum für Franken zweifellos die umfangreichste und bedeutendste öffentliche Sammlung historischer Darstellungen Würzburgs und seiner Umgebung. Bezeichnenderweise genau in jenen Jahren, als sich nach dem Bau der ersten Eisenbahnlinie nach Würzburg (1854) das Gepräge der Stadt entscheidend zu verändern begann, erwachte ein breites Interesse an der Zusammenstellung entsprechender Kollektionen. Kommunale, vor allem aber bürgerschaftlich getragene Einrichtungen setzten sich verstärkt für den Ankauf alter Stadtansichten ein. Insbesondere im Jahr 1888 konnten auf einer viel beachteten Auktion in München zahlreiche Würzburg-Grafiken aus der erlesenen Privatsammlung von Dr. Leofried Adelmann ersteigert werden, darunter »28 Blätter diverse Ansichten und Landkarten.« Das wohl wichtigste Werk darunter ist die Stadtansicht von Matthäus Merian d. Ä. mit dem Titel »Herbipolis – Würtzburg« (siehe nächste Seite). Erstmals wurde die meisterhaft ausgeführte Radierung 1633 in Frankfurt am Main von Johann Philipp Abele (1600-1634) in einem Sammelband zur Geschichte des Dreißigjährigen Krieges (1618–1648) veröffentlicht, der zu dieser Zeit noch tobte. Als Querformat angelegt, füllt sie bündig gedruckt zwei Seiten – unter den technisch-handwerklichen Voraussetzungen des damals noch relativ jungen Buchdrucks allein schon eine gewisse Herausforderung. Das weiträumige und zugleich detaillierte Panorama galt den Zeitgenossen im Barock als ein gleichsam authentisches Porträt der wohlhabenden Stadt am Main.

Als eigenständiges Bildmotiv ist die Ansicht einer befestigten Stadt in Europa spätestens seit dem 15. Jahrhundert aufs engste mit der Entwicklung des Mediums Druckgrafik verknüpft. Die ersten Darstellungen dieser Art erschienen als bildliche Pilgerberichte, etwa die mehrteilige Holzschnitt-Folge von 1486 in der »Peregrinatio in Terram Sanctam« von Bernhard von Breydenbach (ca. 1440-1497). Große Aufmerksamkeit fand darüber hinaus die 1493 datierte, reich illustrierte Nürnberger Weltchronik »Liber Chronicarum« des Hartmann Schedel (1440-1514), die auch

Matthäus Merian d. Ä., geboren 1593 in Basel, verstorben 1650 in Bad Schwalbach bei Frankfurt

eine Stadtansicht Würzburgs beinhaltet. Neben den in Buchform gebundenen Exemplaren kamen bereits um 1500 erste Städteporträts als lose, autonome Einzelblattdrucke auf den Markt. In den gefragten, daher oft hochpreisigen Verlagswerken der »Cosmografien« erlebte diese Gattung im 16. Jahrhundert eine Blüte. Anhand der »wirklichkeitsnahen« Illustrationen konnte sich die Leserschaft nun ein Bild von der bis dahin entdeckten Welt – oft in Verbindung mit beschreibenden Texten – verschaffen, ohne sich den beschwerlichen Mühen und den bestehenden Gefahren des damaligen Reisens unterziehen zu müssen.

Auch der Stadtprospekt von Merian d. Ä. vermittelt den Betrachter*innen eine annähernd konkrete Vorstellung von der spätmittelalterlich geprägten Gestalt Würzburgs im frühen 17. Jahrhundert. Vor uns breiten sich die verschiedenen Stadtquartiere aus mit ihren charakteristischen Gebäuden, Kloster-, Platz- und Gartenanlagen. Wir erkennen die Verläufe von Mauerzügen, Straßen, Gassen und Fluren. Aufgrund der verwendeten Schrägaufsicht sind das Verkehrswegenetz und das »Häusermeer« jedoch nicht vollständig wiedergegeben, und – was schwerer wiegt – die tatsächlichen räumlichen Dimensionen und Verhältnisse in der Innenstadt, gerade im zentralen Dombezirk, lassen sich nicht differenzierter ermessen. So markieren zwar die hoch aufragenden Kirchtürme die ungefähre Position der zahlreichen Sakralbauten im Stadtbild, täuschen die maßstäblichen Verzerrungen der Turmhöhen eine imposante Vertikalarchitektur und die von jeder Bebauung freigehaltenen Wegeführungen eine flächige Großräumigkeit vor, indes fehlen für diese relativierende Darstellung die Belege, vor allem schriftliche Quellen. Vergleichbar mit zeitgenössischen Karten spricht man hier von einer »Anamorphose«, also einer nicht proportionalen Darstellung, die den Gebäuden je nach Bedeutung im Verhältnis zur tatsächlichen Größe einen größeren beziehungsweise einen kleineren Maßstab zuordnet.

Merians Stadtpanorama nimmt den baulichen Organismus Würzburgs in den Blick, bisweilen scheint jedoch die künstlerische Gestaltungsfreiheit zu überwiegen, wenn einzelne Bauwerke nicht in ihrer faktischen Gestalt, sondern besonders plastisch und repräsentativ vor Augen geführt werden. Trotz dieser künstlerischen Freiheiten und kompositorischen Inventionen gilt die Stadtansicht Merians als herausragende Grundlage für die Kenntnis der historischen Topografie Würzburgs und gibt zudem ein erhellendes Bild von der Gestaltungskraft der Kunst im frühen 17. Jahrhundert.

DIE ANSICHT VON NORDEN

Matthäus Merians berühmtes Werk, so heißt es im Sammelband der »Gesamtansichten und Pläne der Stadt Würzburg, 15. bis 19. Jahrhundert«, herausgegeben vom Mainfränkischen Museum Würzburg (heute Museum für Franken), erschien erstmals 1633 in Abeles Chronik der ersten Jahre des Dreißigjährigen Krieges. Diese Abbildung ist aus dem »Theatrum Europaeum«, das 1637 aufgelegt wurde. Erstmals sei die Stadt von Norden dargestellt worden, vom Steinberg aus, in leichter Vogelschau, die mit keinem realen Standpunkt in Übereinstimmung zu bringen sei. Stolz und breit ruhe die rechtsmainische Altstadt in der Ebene des Flusstals

St. Afra Benediktinerinnenkloster, das ab 1670 abgebrochen worden ist, um einen sicheren Platz im früheren inneren Befestigungsring der Stadt zu bekommen

Dicker Turm Im 13. Jahrhundert erbaut. Heute aus dem Stadtbild verschwundener Stadtmauerturm

Bürgerspital Vom Würzburger Patrizier-Ehepaar Johannes und Mergardis von Steren gegründet. Heute eine der ältesten Stiftungen Deutschlands (Wohnen, Pflege, Geriatrie, Weingut)

Stift Haug Hier noch am alten Platz. 1657 ließ der damalige Fürstbischof das Stift abreißen und am heutigen Platz (Bahnhofstraße, Hauger Kirchplatz) neu bauen. Die vom Petersdom inspirierte Kuppel der Kirche entstand 1670 bis 1691 durch Antonio Petrini, ein fränkischer Baumeister italienischer Abstammung

St. Michael Zu Matthäus Merians Zeiten eine kleine Kapelle der Jesuiten. Heute eine römisch-katholische Kirche

St. Burkhard Die Pfarrkirche am Fuß der Festung ist nach dem ersten Bischof von Würzburg, dem heiligen Burkard (742 bis 753), benannt und besteht bis heute

Dombezirk Dom, Domkloster, Domschule bestehen seit dem Mittelalter. »Besonders die sakralen Gebäude« im Zentrum von Matthäus Merians Werk, so die Chronik des Museums, seien »in ihrer Gestalt überzeichnet«. Mit zu vielen und zu hohen Türmen

Zellertor War Teil der historischen Befestigungsanlage, diente in der Nachkriegszeit, also den 1950ern, als provisorisches Feuerwehrhaus

Befestigungsanlage Die Schweden waren die Ersten, die 1631 die Burg während des Dreißigjährigen Krieges erstürmten, was dazu führte, dass Johann Philipp von Schönborn, späterer Fürstbischof von Würzburg, den Marienberg mit einem Kranz von Wallanlagen befestigte

HERBIPOLIS · Würzburg.

FOTO: GEORG KNOLL

Festung Marienberg Das Wahrzeichen der Stadt, von 1201 bis zum Umzug in die Residenz wohnten und thronten die Würzburger Fürstbischöfe dort über ihren Bürgern. Heute ist das Museum für Franken in den Räumlichkeiten untergebracht

Bleicher Tor Steht bis heute an dieser Stelle, eine zweispurige Durchgangsstraße führt an ihm vorbei

Alte Mainbrücke Die berühmte Brücke über den Fluss wurde im 15. Jahrhundert errichtet. In der Barockzeit wurden Brückentore und -türmchen, die Matthäus Merian hier abbildete, abgerissen

St. Peter Zum Zeitpunkt der Darstellung: Romanische Pfarrkirche in der südlichen Altstadt. Ab 1717 barocker Neubau mit romanischen Türmen und gotischem Chor

Juliusspital Von Fürstbischof Julius Echter 1576 gegründetes Spital für »allerhand Sorten Arme, Kranke, auch schadhafte Leut«. Das Juliusspital wirkt bis heute mit dieser humanitären Zielsetzung

Residenz Gab es zum Zeitpunkt der Zeichnung noch nicht. Von 1720 an baute Balthasar Neumann für die Fürstbischöfe hier eine Residenz. Seit 1981 ist das Gebäude einschließlich Residenzplatz und Hofgarten UNESCO-Weltkulturerbe

Stadtmauer Würzburg zählt zu den frühesten mit Mauern bewehrten Städten in Franken. Insgesamt wohl 38 Türme oder Tore gab es im Mittelalter. Im 19. Jahrhundert wurde die Stadtmauer größtenteils abgerissen

Legende Von 1 bis 34: Matthäus Merian hat die wichtigsten Gebäude der Stadt nummeriert – und die Ziffern in seine Zeichnung eingetragen

Weitblick mit Tiefgang: Die Lage
Stein bringt vielschichtige, komplexe
Weine hervor – und bietet eine
Aussicht auf fast ganz Würzburg

DER LEGENDÄRE

WEIN VOM STEIN

Keine andere deutsche Großstadt
ist so eng mit dem Wein verbunden wie
Würzburg. Seit über einem Jahrtausend wird er hier kultiviert, und gleich
hinter dem Bahnhof reifen Trauben
in einer der besten Lagen des Landes

TEXT **JONAS MORGENTHALER** FOTOS **ANNA MUTTER**

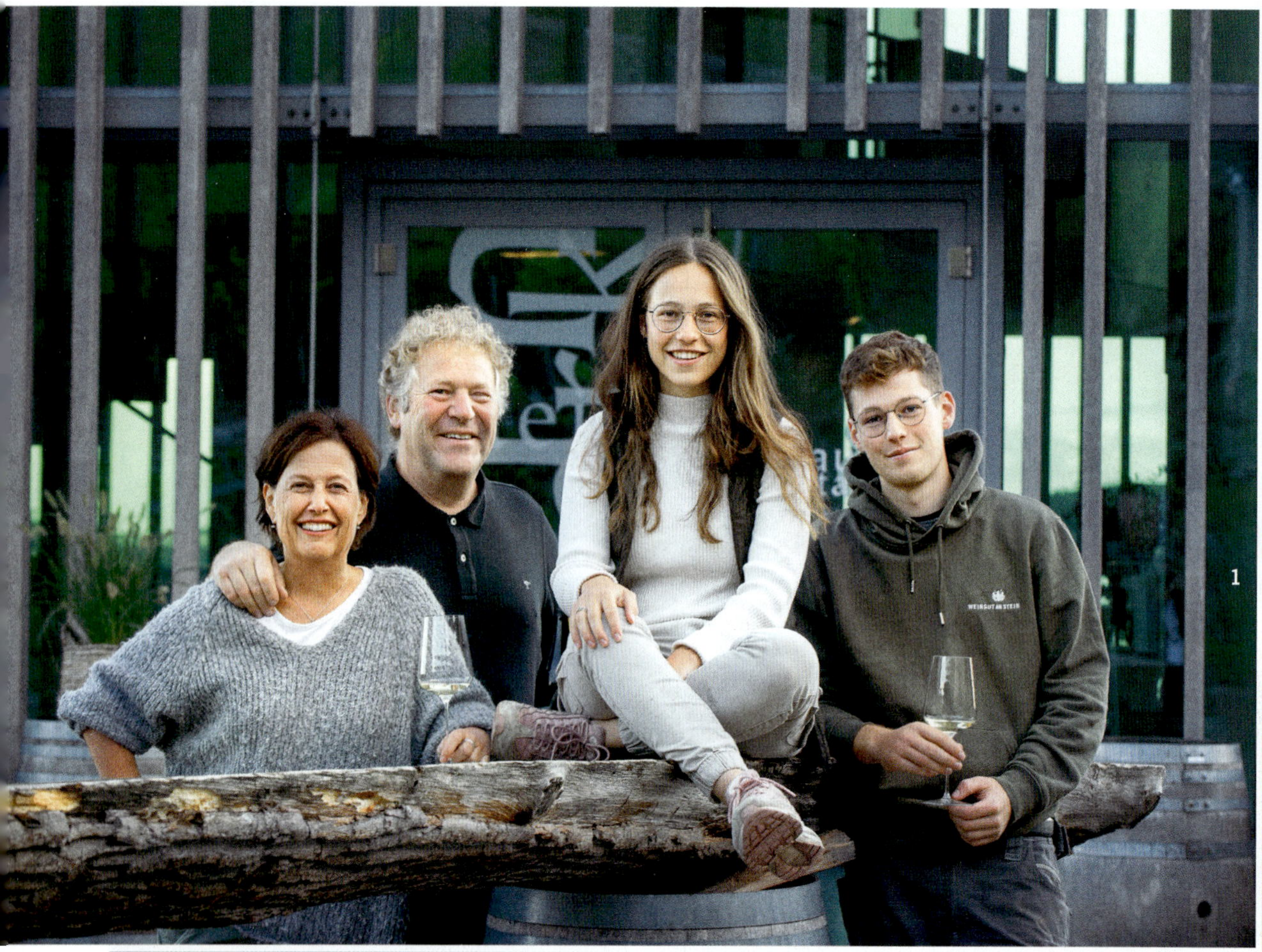
1

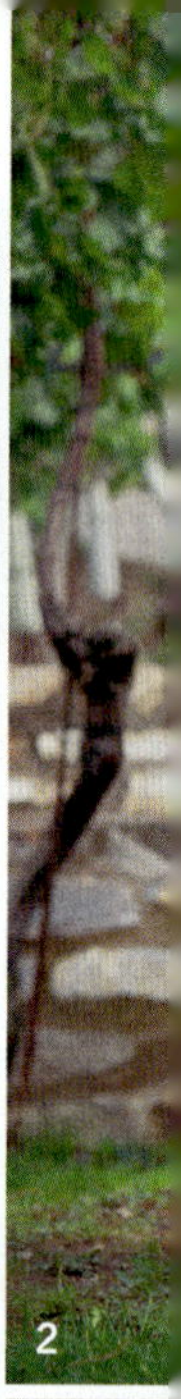
2

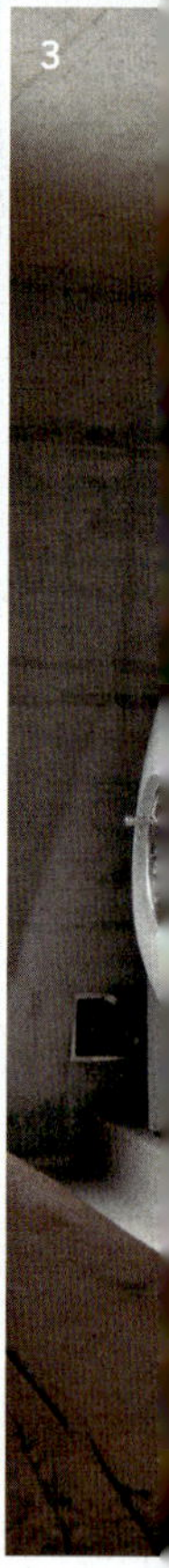
3

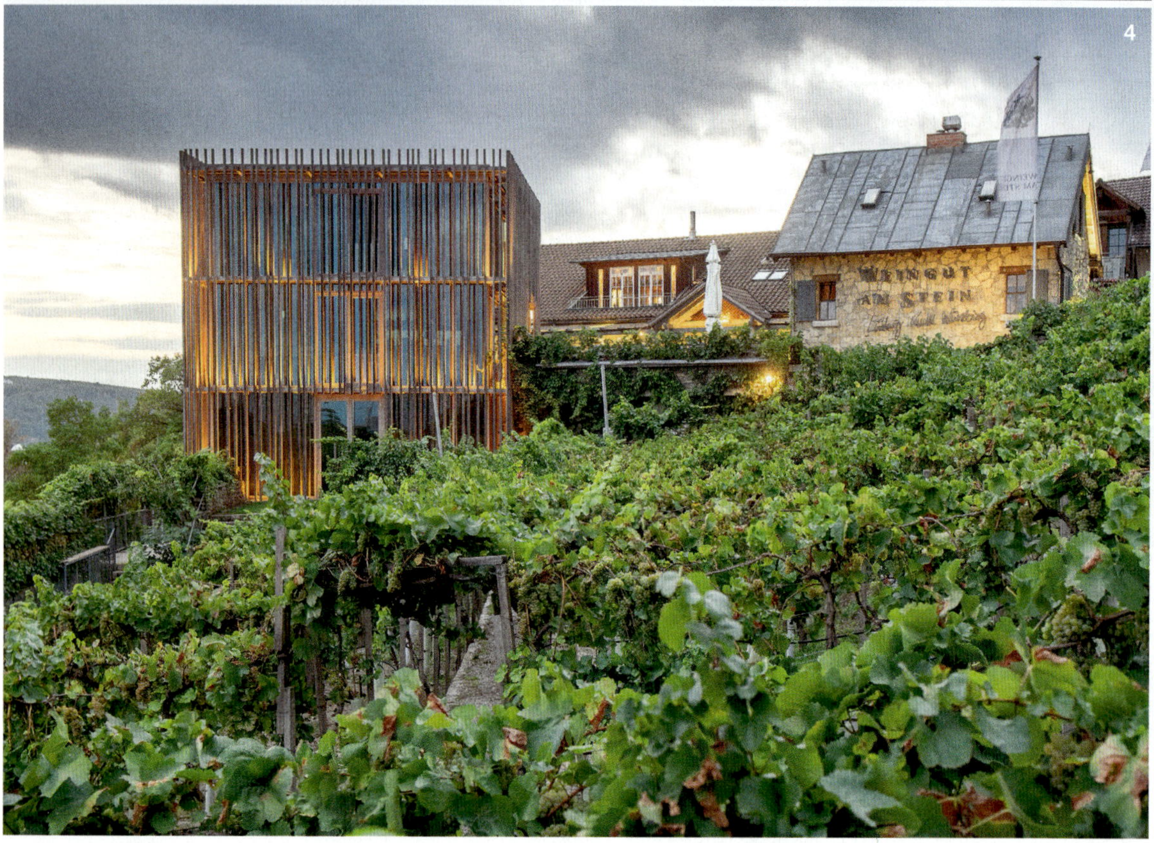

4

DÜNGEN MIT HÜHNERN, GÄREN IN BETON: FAMILIE KNOLL IST IMMER OFFEN FÜR NEUE IDEEN

1 Das Weingut am Stein von Sandra und Ludwig Knoll ist ein Familienbetrieb. Mit Antonia und Vinzenz steht auch die nächste Generation bereit
2+3 Im Garten helfen Hühner und Zwergschafe beim Düngen der Reben, im Keller moderne Beton-Eier beim Gären und Reifen der Weine
4 Blickfang ist die mit Glas und Eichenholzbalken gestaltete Vinothek

R obert Haller blickt über die Reben auf die Stadt und lässt Würzburg untergehen. Der Verkehrslärm der Bundesstraße verebbt, gewaltige Wassermassen überfluten die Landschaft. Sie schaffen ein flaches Nebenmeer auf dem Urkontinent Pangäa, das weite Teile des heutigen Mittel- und Südeuropas bedeckt. Haller spult die Zeit vor, das Meer zieht sich wieder zurück, in Schichten lagert sich dabei der vom Wasser gelöste Kalk aus der Erdkruste ab. Haller reist weiter durch das Erdzeitalter Trias, dann macht er einen Sprung – auf das Gebiet des heutigen Würzburg vor knapp 150 000 Jahren. »Damals begann sich der Main hier reinzufressen«, erzählt er. »Der war nicht immer so ein Rinnsal.« Wo der Fluss durch festes Gestein abgelenkt wurde, entstanden in den Außenkurven durch die höhere Fließgeschwindigkeit steile Hänge mit Muschelkalkböden aus der Urzeit.

»Das sind heute unsere wichtigsten Weinlagen«, sagt Robert Haller. Deswegen auch die Zeitreise. »Man muss die Landschaft lesen können, man muss das sehen«, findet der Direktor des Weinguts Bürgerspital. Er blickt dabei über eine der berühmtesten Lagen des Landes, den 85 Hektar großen Würzburger Stein. Über drei Kilometer ziehen sich die Rebzeilen am Main entlang und dann weiter östlich hinter dem Bahnhof vorbei. In der oft sehr steilen Lage ist Weinbau nur mit viel Einsatz und Handarbeit möglich. Haller möchte, dass die Kunden das begreifen, dass sie schmecken und sehen, was die Weine von hier ausmacht – und dadurch auch bereit sind, die Kosten für den hohen Aufwand zu bezahlen.

Wer den Trauben aus dieser Lage bis hinunter in die Stadt folgt, hinein in die neuen und alten Keller, erfährt, warum sie so berühmt ist. Und auch, wie eng Würzburg mit der Weinkultur verbunden ist. Im Hofgarten der Residenz, auf der Alten Mainbrücke – mitten im Stadtzentrum rückt der Stein immer wieder ins Blickfeld. Seit über einem Jahrtausend wird an dem Hang Wein angebaut, heute vor allem Riesling und Silvaner. Über die Jahrhunderte war die Lage ein Garant für beste Qualität und entwickelte eine enorme Strahlkraft. Eine Weile stand sie für das gesamte Anbaugebiet – ein »Steinwein« war schlichtweg ein Wein aus Franken.

»Hier kann man nur auf Qualität setzen«, weiß auch Sandra Knoll vom Weingut am Stein. Es ist der Paradiesvogel unter den Würzburger Weinbetrieben. *Not established since 1890,* so steht es auf manchen Verschlusskapseln. Unten in der Stadt dreht sich alles um die drei großen Produzenten Bürgerspital, Juliusspital und Staatlicher Hofkeller, die sich 95 Prozent der Lage Stein teilen. Das Weingut am Stein hat dort nur wenig Fläche – befindet sich aber direkt am Hang. Sandra und Ludwig Knoll betreiben biodynamischen Weinbau und haben einen besonderen Genussort geschaffen: mit schicker Vinothek, ausgezeichnetem Restaurant und großzügigem Gästehaus. Gerade merkt man allerdings die Anspannung im Betrieb: Es ist Erntezeit, die Trauben sind reif und ein Unwetter ist angesagt. Bei viel Regen werden die Hänge rutschig, vollreife Trauben

können aufplatzen und faulen, die Ernte wird verwässert. Also sind gerade alle am Lesen, was irgendwie geht. Sandra Knoll nimmt sich dennoch Zeit für ein Gespräch, vielleicht passt ihr das ganz gut, sie spürt den Vortag, hat im Stettener Stein mitgeerntet. Die Top-Lage des Weinguts sitzt etwas weiter nördlich, spektakulär über einer 80 Meter hohen Muschelkalk-Felswand. »Wir sind echte Steillagenwinzer«, sagt Sandra Knoll. Ihr Mann steht gerade an der Presse, neben ihm ein Haufen Traminer-Trauben. »Schau dir die an, die sind traumhaft, wie gemalt«, schwärmt er und gibt eine Beere zu kosten. »Dieses Rosenaroma!«

Die besten Trauben sind schon selektiert und werden im puristischen, in den Berg hineingebauten »Steinkeller« mit den Schalen in Amphoren gären, dann in Eichenfässern reifen und unfiltriert abgefüllt werden. So entsteht der »Down To Earth«, ein Ausnahmewein der experimentierfreudigen Weinfamilie. Ludwig Knoll ist der Erste in der Familie, der ganz auf Wein setzt, seine Vorgänger waren auch Küfer. Als sein Vater krank wurde und er als junger Mann vor mehr als 30 Jahren mit seiner Frau das Weingut übernahm, bedeutete das viel Verantwortung, aber auch viel Freiheit. Anders als in den Betrieben im Stadtzentrum mussten sie sich nicht mit einer großen Tradition und alten Gepflogenheiten auseinandersetzen. Heute ist das Weingut der Knolls ein angesehener 40-Hektar-Betrieb, der herausragende und auch mal ungewöhnliche Weine produziert.

In der letzten Abendsonne treffen sich alle auf der Terrasse bei Wein und Abendbrot. Kellermeister Dominik Diefenbach ist unruhig. Er muss sehen, dass die Gärung gut anläuft und der frisch gepresste Traubensaft sauber in die richtigen Fässer, Beton-Eier oder Amphoren kommt. Schnell ist er wieder weg, so auch Ludwig Knoll und andere aus dem Team. Es gibt noch viel zu tun auf dem Weingut am Stein. Und der Regen naht.

Zu Fuß ist es keine halbe Stunde bis in die Stadt und damit zu den drei jahrhundertealten Betrieben: den Berg hinunter, unter den Schienen hindurch, hinein ins Zentrum und dann in die Theaterstraße zum Weingut Bürgerspital. *Social drinking since 1330* könnte hier auf den Kapseln stehen: Das Weingut gehört zu einer 1316 gegründeten Stiftung für notleidende alte Menschen und Pilger. Wer keine Nachfahren hatte, konnte sein Hab und Gut – egal, ob groß oder kaum vorhanden – vermachen und wurde versorgt. Schon um 1330 kamen so die ersten Weingärten in den Besitz der ursprünglich bürgerlichen und heute öffentlich-rechtlichen Stiftung. Über die Jahrhunderte wurden schlechte Lagen verkauft und bessere erworben. Heute sind die 120 Hektar Rebfläche neben Immobilien ein Standbein der Stiftung, um die gute Versorgung in den eigenen Alten- und Pflegeheimen zu garantieren. Die Welt mag sich in 700 Jahren grundlegend verändert haben. Der Zweck der Stiftung ist geblieben.

Mit Weingutdirektor Robert Haller kann man sich bestens über das deutsche Pflegesystem unterhalten, aber noch viel besser über Weinbau. »Wir sind ein top-dynamischer Betrieb«, sagt der gebürtige Schwabe, der hier seit 2007 die Weine nach vorne bringt. Vehement verteidigt er sie gegen Vorurteile. Sieben Jahrhunderte, allein dadurch hat das Weingut für manche ein angestaubtes Image. So viel Tradition! Zum Beispiel das Bürgerspital als »Wiege des Bocksbeutels«: Weil es um die Weine vom Würzburger Stein viel Betrug gab, entschied die Stadt schon 1726, sie in

ZWEI DER WÜRZBURGER WEINGÜTER FINANZIEREN SEIT LANGER ZEIT SOZIALE STIFTUNGEN

1 »Keine Bodybuilder, sondern filigrane Essbegleiter«, mag Robert Haller im Glas. Genau auf solche Weine setzt er auch als Direktor des Weinguts Bürgerspital **2** Viele werden im alten Keller in 4800-Liter-Fässern ausgebaut **3** Die Reben am Würzburger Stein bieten ideale Bedingungen für große Weine **4** Ein wunderbarer Ort, um sie zu guter Wirtshausküche zu genießen, sind die Bürgerspital Weinstuben

IM STEILHANG GELESEN, IN MITTELALTERLICHEN MAUERN GEREIFT

1 + 4 Oben genesen Patienten in den Krankenbetten, unten reift Wein in großen Fässern: Das ist seit jeher die Aufteilung im barocken Fürstenbau des Juliusspitals **2** Das Weingut wird seit 37 Jahren von Horst Kolesch geleitet **3** In Steilhängen wie dem Würzburger Stein ist die Lese reine Handarbeit

die bauchige Flasche abzufüllen und diese zu versiegeln – so früh! Doch auf dem Rundgang stellt Robert Haller klar: »Das ist kein Museum, sondern ein Arbeitskeller.« Manche Kellermauern stammen aus dem Mittelalter, aber noch heute gärt und reift hier der Wein.

Bei der Verkostung schenkt Haller drei Silvaner ein. Er will zeigen, warum sich der Aufwand im Steilhang lohnt, warum diese Lagenweine viel mehr sind als Traditionspflege. Sie sind alle genau gleich entstanden: Weinbeeren von alten Rebstöcken, lange Maischestandzeit, Spontangärung im großen Holzfass. Und doch schmecken sie unterschiedlich: der vom Pfaffenberg kräutrig-grün, der von der Inneren Leiste nach gelben Früchten, der vom Stein mineralisch. Sie zeigen ihre Herkunft, den Boden, das Klima, die Reben, eben ihr Terroir, wie es so gerne heißt.

Bürgerspital hieß die Stiftung nicht immer. Der Name kam erst als Abgrenzung zur 1576 gegründeten Stiftung Juliusspital auf. Fürstbischof Julius Echter gründete damals eine Bleibe für Arme, Kranke und Bedürftige. Weinberge gehörten von Anfang an dazu. Auch hier kamen immer mehr gute Lagen hinzu, mit 180 Hektar ist das Weingut Juliusspital inzwischen das zweitgrößte in Deutschland. Und auch hier finanziert es zusammen mit der Forst- und Landwirtschaft die sozialen Einrichtungen mit, etwa das Pflegeheim, das Hospiz und die rund 680 Krankenbetten, von denen sich 342 auf dem Stiftungsgelände befinden. »Bei uns gilt: jeder Schluck eine gute Tat«, sagt Weingutsdirektor Horst Kolesch.

Das Areal des Juliusspitals ist mehr als sechs Hektar groß, ein Refugium in bester Lage, mit Kirche, Park und einem Gartenpavillon, der als Vergnügungsschlösschen, dann als Sektions- und Operationssaal für Anatomie diente und heute für Feste und Konzerte genutzt wird. 1400 Menschen arbeiten auf dem Gelände, viele davon in historischen Bauten. Es ist eine eigene Welt, vielfältig genutzt und doch ruhig. »Hier ist jeder Quadratmeter nicht nur sehr teuer, sondern vor allem auch sehr knapp«, sagt Horst Kolesch. »Jeder Bereich möchte wachsen und sich entwickeln.«

Gerne zeigt er die langen Kellergänge mit den bis heute genutzten Fässern, die Rokoko-Apotheke, aber auch die moderne Kelteranlage, wo die Trauben mit einem eigens entwickelten Aufzug 13 Meter in die Höhe gefahren werden, damit sie nur per Schwerkraft schonend verarbeitet werden können. Seit 37 Jahren leitet Kolesch das Weingut. 1987 wurde er gefragt, ob er mit diesem nicht aus der Stadt hinausziehen wolle. Logistisch hätte es vieles vereinfacht. Heute ist er froh, dass sich die Stiftung damals dagegen entschieden hat. Inzwischen finden hier jedes Jahr über 700 Führungen und Weinproben statt – *storytelling* live vor Ort.

Auch Horst Kolesch nimmt seine Gäste manchmal mit in die Weinberge. Seine Lieblingslage in Würzburg ist der Stein, »von der Dichte, von der Würze, vom mineralisch-flintigen, von der Salzigkeit auf der Zunge«. Gerade aber wird in der Abtsleite gelesen, also fährt er zu dieser Top-Lage im Süden der Stadt. Etwa 45 Menschen sind im Feld, viele aus

UNTER DER RESIDENZ VEREINT SICH TRADITION MIT TECHNIK

1 Beste Qualität im Weinberg und im Keller: Dafür soll Stefan Schäfer im Staatlichen Hofkeller sorgen **2** Im alten Lagerkeller unter der Residenz sind die Fässer heute leer. Hier finden zahlreiche Events mit Weinproben statt – gekonnt illuminiert mit LED-Technik

Rumänien, einige davon aus demselben Dorf und jedes Jahr dabei. Sie lesen gerade Silvaner, auf dem Weingut macht die typisch fränkische Rebsorte mehr als 43 Prozent aus. Schon im Sommer wurde die Hälfte der Trauben herausgeschnitten, damit die Qualität steigt und sich die Aromen verdichten. Die grünen Kübel füllen sich schnell, das Lesegut ist sehr gesund. Selbstverständlich ist das nicht: Der Sommer 2022 war so heiß und trocken wie kaum jemals zuvor. Solche Extreme häufen sich. »Bisher hat es der Silvaner und auch der Weißburgunder sehr gut gepackt«, sagt Horst Kolesch. »Den Riesling müssen wir beobachten. Verabschieden werden sich frühe Rebsorten wie der Müller-Thurgau und der Bacchus.« Die globale Erwärmung ist ein Thema, das alle Würzburger Weingüter beschäftigt. Es läuft eine Machbarkeitsstudie, in der es um die Bewässerung von 100 Hektar Weinberg geht. Auch der Stein ist dabei.

Das Streben nach einer möglichst hohen Reife ist passé, die Trauben können inzwischen auch zu reif werden. Die Weine verlieren dann an Säure und Frische, werden alkoholisch und schwer. »Der Lese-Korridor wird immer enger«, bestätigt Stefan Schäfer vom Staatlichen Hofkeller. »Früher konnte man einfach zehn Wochen ernten ohne große Qualitätsverluste.« Schäfer ist als »Qualitätsmanager Weinbau und Önologie« das Bindeglied zwischen Keller und Weinberg. Gerade muss er sich ständig fragen: Was hole ich rein, was kann hängen bleiben? Damit während der Ernte die Kapazitäten zur Traubenverarbeitung möglichst groß sind, ist draußen ein Provisorium mit Zeltdach aufgebaut. »Das ist ein Spagat, man darf hier baulich nichts verändern, wir sind ja im Weltkulturerbe«, sagt Schäfer. Da ist sie wieder, die Tradition: das Gründungsjahr 1128, die vom Barockbaumeister Balthasar Neumann errichteten Keller unter der Residenz, die riesigen »Beamtenfässer«, in denen Weine gemischt wurden, damit ja alle Hofbediensteten mit gleich gutem oder schlechtem Wein entlohnt wurden.

Schäfers Stelle gab es bis 2018 nicht. Mehr noch als die glänzenden Edelstahltanks zwischen den historischen Mauern zeigt sie, dass sich auch das älteste Weingut der Stadt den neuen Herausforderungen stellt, der harten Konkurrenz, dem Klimawandel. Reben wachsen langsam, der Blick zurück hat im Weinbau noch nie genügt. Die Würzburger Weinkultur mag ein Jahrtausend zurückreichen. Zur Entezeit ist sie aber ganz gegenwärtig – und schon jetzt geht es um den Steinwein der Zukunft.

Mehr zu den genannten Weingütern erfahren Sie ab S. 76.

FOOD: Lars Pfister und Marceau Wißkirchen, Hotel Hohenhaus
BURGER: Hohenhauser Wild aus eigener Jagd
WILD: Thomas Gross, Revier Hohenhaus - Schlossberg
FOTO: Torsten Proß, Leipzig

HOHENHAUS
GRILL

Michelin 2022

HOTEL HOHEN HAUS

★ ★ ★ ★ ★

HOTEL HOHENHAUS

Hohenhaus 1 · 37293 Herleshausen · Telefon: +49 56 54 98 70

Mitten in Deutschland und doch in absolut ruhiger Lage liegt das Relais & Châteaux-Hotel HOHENHAUS.
Hier können Sie die unvergleichliche und ursprüngliche Natur genießen. Das stilvolle Hotel ist eine perfekte Oase
für anspruchsvolle Gourmets und Naturliebhaber. Die Wartburg, die Goethestadt Weimar und das
Schloss Wilhelmshöhe mit der umfangreichsten Rembrandt-Sammlung der Welt locken zu erlebnisreichen Ausflügen.

Tief verwurzelt: An Rebstöcken
wie diesem reifen in der Lage Stein
Trauben für exzellente Weine –
hier etwa für einen Riesling vom
Weingut Juliusspital

FOTOS: ANNA MUTTER, VOLKER RENNER

Würzburgs Weinkulturerbe

MERIAN-Redakteur **Jonas Morgenthaler** empfiehlt allen, die in die Stadt kommen: Besuchen Sie mindestens ein Weingut und spazieren Sie durch die Reben! Seine Tipps:

Die Weinkultur lässt sich bestens in die Stadtbesichtigung integrieren, die drei traditionsreichen Weingüter befinden sich mitten im Zentrum. Auch zum nächsten Weinberg ist es nicht weit.

STAATLICHER HOFKELLER

Bis 1128 reichen die Wurzeln des 110-Hektar-Weinguts zurück. Damit ist es weltweit eines der ältesten. Fürstbischöfe, bayerische Könige und schließlich der Freistaat Bayern: Stets war es im Besitz der Machthaber. Der Rundgang führt in die von Balthasar Neumann entworfenen Gewölbe unter den beiden Flügeln der Residenz. Im historischen Lagerkeller auf der Nordseite sind die Fässer leer, er ist heute eine beliebte Location für Weinproben. Zu sehen gibt es etwa das **Schwedenfass:** Fürstbischof Konrad von Wernau ließ es 1684 für einen Würzburger Wein aus dem Jahrtausendjahrgang 1540 bauen, als davon ein wegen anrückender schwedischer Truppen Jahre zuvor vergrabenes Fass gefunden wurde. Eine Flasche des Weins existiert bis heute, sie ist im Weingut Bürgerspital zu sehen. In der Vinothek im Rosenbachpalais sind Weine von allen vier Böden vertreten, die es in Franken gibt: Urgestein, Muschelkalk, Gipskeuper und Buntsandstein.
Residenzplatz 3, hofkeller.de

WEINGUT JULIUSSPITAL

Der riesige Betrieb ist Teil einer gemeinnützigen Stiftung. Das Sortiment bietet eine große Vielfalt an Rebsorten und Lagen, von denen sich die meisten im Maindreieck befinden. Ein Fokus liegt auf dem Silvaner, der fast ausschließlich »fränkisch trocken« angebaut wird – also mit maximal vier Gramm Restzuckergehalt pro Liter. Regelmäßig finden **Schlenderweinproben** statt, die durch das über Jahrhunderte gewachsene Gelände mit Barockbauten und alten Kellern führen, die bis heute in Gebrauch sind. Verkosten und kaufen kann man die Weine in der Vinothek »Weineck Julius Echter« (Koellikerstr. 1a), in Ruhe genießen in den **Weinstuben Juliusspital.**
Klinikstr. 1, juliusspital-weingut.de
Weinstube: Juliuspromenade 19
weinstuben-juliusspital.de

WEINGUT BÜRGERSPITAL

Auch hier steht hinter dem Wein eine Stiftung mit sozialen Zielen. Wunderbar kann man sich hier bei einer Weinprobe durch die Umgebung kosten: Die vielen Rebflächen befinden sich alle in und um Würzburg. Unser Tipp dafür: Die schon vom Terroir geprägten Weine der VDP-Klassifikation »Erste Lage«, die um die 15 Euro kosten. Kaufen und trinken lassen sie sich im **Weinhaus** an der Ecke Theaterstraße/Semmelstraße. In den **Bürgerspital Weinstuben** kann man bei gutem Wetter auch im ruhigen Innenhof sitzen. Rundgänge durch den imposanten Holzfasskeller finden in der Regel freitags und samstags statt.
Theaterstr. 19, buergerspital.de/weingut
buergerspital-weinstuben.de

WEINGUT AM STEIN

Zu den 40 Hektar, die Familie Knoll ökologisch bewirtschaftet, gehören hochwertige Steillagen wie Stettener Stein und Würzburger Innere Leiste. Mit vielfältigen Ausbaumethoden – Amphoren, Barriques, Beton-Eier – entstehen

---

BROTZEIT IN DER WEINSTUBE

Wie andere Handwerker machten früher auch viele Würzburger Bäcker nebenher Wein. Sie hatten das Recht, ihre Weine in »Bäcks« auszuschenken, einfache Stuben, in die die Gäste ihre Brotzeit mitbringen durften. Von der Tradition ist meist nur der Name übrig geblieben – in der Weinstube »Maulaffenbäck« aber wird sie zumindest vormittags aufrechterhalten.

Maulhardgasse 9, maulaffenbaeck.info

diverse ausgezeichnete Weine und Sekte. Unser Tipp: Der stoffige, vielschichtige Silvaner »Vinz«. Zu 80 Prozent entsteht er im Beton-Ei, der Rest kommt aus der Amphore, wo er für neun Monate auf der Maische liegt. Von der schicken Vinothek blickt man auf Stadt und Reben. Feine Menüs und eine schöne Terrasse bietet das Restaurant **Reisers am Stein.** Spitzenkoch Bernhard Reiser hört nach 20 Jahren im April 2023 auf, aber es soll ähnlich ambitioniert weitergehen. Wer von der Stadt zu Fuß zum Weingut laufen möchte, sollte die Rotkreuzsteige wählen und nicht die Unterführung beim Bahnhof – der Spitzname »Harnröhre« ist durchaus treffend.
Mittlerer Steinbergweg 5, weingut-am-stein.de

WEINGUT REISS

Bis 1800 reicht die Weinbautradition der Familie Reiss zurück, deren Weingut etwas versteckt hinter dem Würzburger Stein im Dürrbachtal liegt. Die Weine stammen etwa vom Pfaffenberg, der nur wenige Meter neben dem Betrieb beginnt. Regelmäßig finden Events wie kulinarische Weinproben statt. Martina Reiss bietet auch Weinwanderungen an.
Unterdürrbacher Str. 182, weingut-reiss.com

GLOUGLOU

Mit einer gelungenen Mischung aus Weinbar, Restaurant und Vinothek bereichert Anne-Kathrin Lengemann die lokale Gastroszene. Die Atmosphäre ist locker, die Weinkarte ebenso abwechslungsreich wie die kreative Küche.
Karmelitenstr. 31, glouglou.de

WEINHAUS STACHEL

Gerade Silvaner sind ausgezeichnete Essensbegleiter. Bestens ausprobieren lässt sich das im »Weinhaus Stachel«: Die Weinkarte ist umfangreich, die Küche verlässlich gut. Schon 1318 wurde

Weg am Stein

Der Stein-Wein-Pfad führt durch die Lage Stein und zu Schautafeln, die über Aspekte wie Terroir und Rebsorten informieren. Auch ein »terroir f«-Punkt liegt auf dem Weg. An besonderen Weinorten in Franken sind sie jeweils einem Aspekt gewidmet. Hier sind es Wein und Literatur, es geht etwa um Goethe, der sehr gerne Würzburger Weine trank.
wuerzburger steinweinpfad.de
franken-weinland.de/erlebnis/terroir-f

Fest am Stein

Aus einem kleinen jährlichen Hoffest ist am Weingut am Stein ein außergewöhnliches Musikfestival entstanden: Beim »Wein am Stein« wird hier im Juli über zwei Wochen lang bei Livemusik gefeiert. Zu Gast waren unter anderem schon Bands wie Shantel, Von Wegen Lisbeth und die Giant Rooks.
12.-30. Juli 2023, wein-am-stein.de

Schloss am Stein

Ende des 19. Jahrhunderts als märchenhaftes Schloss errichtet, dient die Steinburg seit über 60 Jahren als Hotel. Immer wieder hat Familie Bezold das Gebäude über der Weinlage Stein erweitert und umgebaut. Ein Klassiker ist die Restaurant-Terrasse mit Blick auf Würzburg.
Reußenweg 2 / Mittlerer Steinbergweg 100, steinburg.com

das Gebäude urkundlich erwähnt, es gilt als ältester Gasthof der Stadt. Besonders der Innenhof ist sehr atmosphärisch.
Gressengasse 1, weinhaus-stachel.de

WOHLSEIN WEINE

Wer wissen möchte, was das Weinanbaugebiet Franken noch so alles zu bieten hat, ist in diesem Laden goldrichtig. Er hat nur Weine aus der Region im Regal, legt den Fokus auf kleine, kreative Betriebe und veranstaltet Verkostungen, bei denen teils auch Winzer vor Ort sind. Von Sonntag bis Mittwoch geschlossen.
Sanderstr. 29, wohlsein-weine.de

KLEINE LAGEN-KUNDE

Auf dem Gebiet der Stadt Würzburg befinden sich mehrere Top-Weinberge. Am berühmtesten ist der **Würzburger Stein** im Norden. Mittendrin befindet sich allerdings die **Stein-Harfe** des Weinguts Bürgerspital, die weinrechtlich als eigenständige Einzellage gilt. Ein kleinerer, besonders guter Bereich des Steins wird seit Kurzem als **Stein-Berg** bezeichnet. Ebenfalls Top-Qualität verspricht die **Innere Leiste,** der längliche Weinberg am Marienberg südlich unterhalb der Festung. Der vom Staatlichen Hofkeller bewirtschaftete **Schlossberg** auf der Ostseite gilt als etwas schwächer, ist dafür wohl Würzburgs meistfotografierte Weinlage. Zauberhaft ist im Süden die Lage **Abtsleite.** Gleich nebenan wurde 779 der Weinbau in Würzburg zum ersten Mal erwähnt. Wer möchte, kann von hier stadtauswärts bis zum Weinort Randersacker (15 Weingüter!) wandern.

---

1 Flüssiges Archiv: Die »Schatzkammer« des Staatlichen Hofkellers **2** Bei »Wohlsein Weine« geht es stets um fränkische Weine **3** Sandra Knoll vom Weingut am Stein in der Vinothek **4** Das »Weinhaus Stachel« hat einen lauschigen Innenhof

1

2

3

4

DAS PERFEKTE
PAAR

Sie flankieren das Südportal
der Würzburger Marienkapelle:
Adam und Eva, zwei göttlich
schöne Statuen, erschaffen von
Tilman Riemenschneider,
dem berühmten Bildschnitzer
des Spätmittelalters

ADAM
... wie Riemenschneider
ihn schuf – und er
heute im Museum zu
sehen ist: eine feinglied-
rige Gestalt, fast
knabenhaft, mit üppiger
Lockenpracht. Eine
plastische Figur, die
der Künstler ganz im
Stil der Spätgotik
entwarf. Viele Partien
des Körpers sind im
Lauf der Zeit verwittert

Heute zieren die Marienkapelle
zwei Kopien der Statuen von
Adam und Eva, erschaffen vom
Bildhauer Ernst Singer

TEXT **FRANZ LENZE**

Adam, vertrieben aus dem Paradies, steht, den Blick scheu gen Himmel gerichtet, hoch auf dem Sockel: eine schlanke Gestalt, nackt, nur die Scham mit einem Feigenblatt bedeckt. Fein modellierte Locken umrahmen die weichen Züge seines Gesichts, die Haltung seines Körpers wirkt leicht unsicher, beinahe scheint es, als wolle er einen Schritt nach vorne wagen, eine zögerliche Bewegung.

Wenige Meter von Adam entfernt steht Eva, ihren sanften Blick geradeaus gerichtet. In der rechten Hand hält sie den berühmten Apfel, die verbotene Frucht vom Baum der Erkenntnis, zu ihren Füßen windet sich die verführerische Schlange. Auch Eva ist nackt, auch ihre Scham bedeckt ein Feigenblatt, lange, wellige Haare fallen über Schultern und Hüfte. Trotz aller Ähnlichkeiten strahlt sie mehr Zuversicht aus, ihr angedeuteter Schritt wirkt um einiges selbstbewusster als bei Adam.

Beide Skulpturen schmücken das Südportal der Würzburger Marienkapelle. Erschaffen hat sie zwischen 1491 und 1493 der Bildschnitzer Tilman Riemenschneider. Die mannshohen, etwa 1,90 Meter großen Statuen aus Sandstein gehören zu den ersten Werken, die er im Auftrag der Stadt Würzburg

EVA
... in der Vorstellung des Künstlers: eine souverän wirkende Frau, deren sanfte Augen wirken, als würde sie ein Lächeln umspielen. Wie Adam fehlten auch Eva im Originalzustand mehrere Körperteile, einige wurden restauriert – auch die Schlange zu ihren Füßen

TILMAN RIEMEN-SCHNEIDER

... wie er sich selbst sah: Sein Porträt schmückt den Marienaltar in der Creglinger Herrgottskirche – vermutlich hat sich der Künstler hier, zu Füßen von Jesus sitzend, selbst verewigt. Der Altar, um 1510 entstanden, gilt als eines seiner bekanntesten Werke

FOTOS: LEIHGABE DER MARIENKAPELLENSTIFTUNG WÜRZBURG IM MUSEUM FÜR FRANKEN IN WÜRZBURG/MUSEUM FÜR FRANKEN IN WÜRZBURG. FOTO: KATJA KRAUSE

anfertigen soll. Stück für Stück entwirft der Meister noch weitere Sandsteinfiguren: Jesus, Johannes und die zwölf Apostel.

Die Kunde von Riemenschneiders Klasse verbreitet sich in Windeseile. In seiner Werkstatt erschaffen er und seine Gesellen alsbald zahlreiche Bildnisse, Altäre, Grabmäler und Skulpturen für ganz Franken, darunter atemberaubende Kunstwerke: das Kaisergrabmal Heinrichs II. in Bamberg, den Heiligblutaltar in Rothenburg ob der Tauber oder das Altarbild »Beweinung Christi« in Rimpar, für manche Experten sein vollkommenstes Werk. Das Relief zeigt Joseph von Arimathia, der den zu Tode gemarterten Jesus stützt, und daneben, auf Knien, die trauernde Maria – so grazil geformt, dass die Figuren fast lebensecht wirken.

Nichts bremst seinen Höhenflug zu dieser Zeit: Riemenschneider wird in den Rat der Stadt berufen, kauft Häuser und Weinberge. 1520/21 wird er gar zum Bürgermeister ernannt, um die Geschicke Würzburgs zu lenken. Der Künstler ist jetzt auf dem Gipfel seines Schaffens, ein angesehener Bildschnitzer, ein ehrbarer, wohlhabender Bürger.

Bis zum Jahr 1525, in dem sich überall im Süden Deutschlands die Bauern gegen ihre Herren erheben, gegen den Frondienst, gegen die Armut. Als das Heer der Bauern im Juni des Jahres gegen Würzburg drängt und die Festung Marienberg belagert, schlägt Riemenschneider sich auf deren Seite. Doch die Schlacht geht verloren, mehrere Tausend Aufständische sterben. Die Anführer lässt Fürstbischof Konrad verhaften und foltern, auch den ehemaligen Bürgermeister Riemenschneider. Danach ist der Bildhauer ein gebrochener Mann, große Aufträge bekommt er nicht mehr.

Sechs Jahre später stirbt Tilman Riemenschneider. Und gerät für fast 300 Jahre in Vergessenheit. Erst 1822, als beim Bau einer Straße zufällig seine Grabplatte gefunden wird, rückt er wieder ins Interesse von Kunsthistorikern. Sein Adam und seine Eva werden 1894 abgebaut, wohl ihrer Nacktheit wegen. Die Figuren, die seit 1975 das Portal der Kapelle zieren, sind Kopien. Die Originale stehen im Museum für Franken. Auf dem Marienberg, dort, wo sich einst Riemenschneiders Schicksal nach dem Bauernaufstand entschied.

Das Südportal der Marienkapelle befindet sich direkt am Marktplatz; bistum-wuerzburg.de

Das Museum für Franken zeigt neben Adam und Eva viele weitere Reliefs und Skulpturen und gibt einen guten Überblick über Riemenschneiders Werk; museum-franken.de

fertigte. Ausdrucksstarke Figuren von reiner Anmut – das Schönheitsideal der Spätgotik in Stein gemeißelt. Kaum ein Bildhauer seiner Zeit ist so detailverliebt, kaum einer arbeitet mit solch einer handwerklichen Akribie. Schon früh ist Riemenschneider auf Augenhöhe mit den großen Meistern seiner Zeit, mit Veit Stoß, mit Adam Kraft, den Malern Matthias Grünewald und Albrecht Dürer. Riemenschneider erhält für seine Arbeit 220 Gulden, eine sehr hohe Summe. Und noch einmal zehn Gulden dazu, weil ihm Adam und Eva, wie die Protokolle des Stadtrats festhalten, so »kunstvoll meysterlich vnd zirlich« gelungen sind.

Viel lässt sich über das frühe Leben Tilman Riemenschneiders nicht berichten, seine Biografie verbirgt sich in jenen Jahren noch im Dunkel der Geschichte. Geboren wird er um das Jahr 1460 in Heiligenstadt im Eichsfeld, einem Landstrich im Nordwesten Thüringens. Sein Vater ist Kupferschmied, vielleicht rührt daher Tilmans Talent. Er beginnt wohl eine Lehre und zieht, wie seinerzeit üblich, als Wandergeselle durch die Provinzen. Die erste Notiz zu Tilman Riemenschneider findet sich in den Würzburger Ratsakten vom 7. Dezember 1483: An diesem Tag wird er als Malknecht in die Sankt-Lukasgilde aufgenommen. Es ist der Beginn einer triumphalen Karriere, die sich über mehr als vier Jahrzehnte weiterentwickeln wird.

Rasch fasst der Künstler Fuß in der Stadt, 1485 erhält er das Bürgerrecht, wird Meister und heiratet. Nicht zum letzten Mal: Viermal ist Riemenschneider vermählt, drei seiner Ehefrauen muss er zu Grabe tragen. Sein einmaliger bildhauerischer Stil sichert ihm schon früh lukrative Aufträge. So entscheidet Würzburgs Rat, dass Riemenschneider die bedeutenden Skulpturen der Marienkapelle

Jeden Monat etwas Neues erleben.

Die Lust am Reisen

MERIAN
Würzburg

75 Jahre

MERIAN-JUBILÄUM
UNSERE REISE
VON 1948 BIS HEUTE

33 %
Rabatt
auf die nächsten
drei Ausgaben.

GANZ GROSSE KLASSE

GENUSS AM FLUSS Weine, Winzer, Weinstuben **PRACHTSTÜCK** Die
Fürstbischöfe und ihre Residenz **KUNSTSTÜCK** Der Kulturspeicher im
Alten Hafen **LIEBLINGSORTE** Alte Mainbrücke, Bürgerbräu, Sanderstraße
DIRK NOWITZKI Mit einem Insider durch die Heimat des Basketball-Stars

Jetzt bestellen: 3 Ausgaben für nur 19,80 Euro!
merian.de/test

MERIAN
Die Lust am Reisen

Lang lebe die Königin! Die trägt die
Nr. 6, die verschiedenen Arbeiterinnen
sind farblich markiert – sie alle sind
Forschungsobjekte an der Uni Würzburg

ANGEWANDTE ZUKUNFT

Die Uni Würzburg ist das, was man als »Hidden Champion« bezeichnet: schlau, hartnäckig, und ein bisschen heimlich tüftelt sie an Lösungen für Probleme, welche die ganze Republik betreffen. In einigen Fachgebieten ist sie sogar Weltklasse

TEXT **BURKHARD ZIMMERMANN**

Wenn eine Universität mehr als 600 Jahre alt ist, dann geht damit ein gewisser Ablieferungsdruck einher: Na, was hat man denn so auf die Beine gestellt in der ganzen Zeit? Die Julius-Maximilians-Universität in Würzburg wurde 1402 gegründet, in ihrem Namen verneigt sie sich gleichsam vor Julius Echter von Mespelbrunn, der als Fürstbischof von Würzburg im Jahr 1582 ihr Gründungsprivileg erneuerte, und dem bayerischen König Maximilian I. Joseph von Bayern, der ab 1803 die Reformation des öffentlichen Lebens in Bayern umsetzte. Die Frage nach den intellektuellen Errungenschaften im Laufe ihrer Geschichte kann die Uni leicht beantworten, immerhin hat sie 14 Nobelpreisträger hervorgebracht: von Wilhelm Conrad Röntgen, der für die Entdeckung der später nach ihm benannten Strahlen im Jahr 1901 den Nobelpreis für Physik bekam, bis zu dem Mediziner Harald zur Hausen, der herausfand, dass Viren zum Krebs des Gebärmutterhalses führen können und dafür 2008 mit dem Nobelpreis für Medizin ausgezeichnet wurde.

Heute hat die Uni Würzburg 250 Studiengänge mit rund 27 000 Studierenden bei einem Frauenanteil von 61 Prozent, außerdem gehört sie mit mehr als 4500 Beschäftigten und einem jährlichen Etat von 575 Millionen Euro zu den größten Arbeitgebern der Region. MERIAN hat mit einer Wissenschaftlerin und zwei Wissenschaftlern aus den Bereichen Biologie, Informatik und Medizin über ihre Arbeit gesprochen und dabei gelernt: Würzburg forscht weiterhin ganz vorn.

Wissen und Pracht Das Hauptgebäude der Uni Würzburg am Sanderring wurde im neubarocken Stil gestaltet und 1896 fertiggestellt

FOTOS: RICARDA SCHEINER/UNI WÜRZBURG, GEORG KNOLL

VERHALTENSFORSCHUNG
» Gelungene Völkerverständigung

Prof. Ricarda Scheiner kann von Glück reden, dass Bienen keine Gewerkschaften gründen, sonst wäre ihre Arbeit sehr, sehr viel komplizierter. Streng genommen hat sie ein Team von mehr als einer Million Mitarbeitern, bestehend aus etwa 40 Bienenvölkern mit jeweils rund 30 Tieren, und diese riesigen Populationen sind zwar nicht gewerkschaftlich, aber ansonsten großartig organisiert: »Jede Biene hat einen anderen Job, und keiner sagt ihnen, was sie machen müssen«, sagt Scheiner. »Wie erbringen die Tiere diese Leistung, die wir Menschen so nicht hinbekommen würden?«

Das herauszufinden, ist einer der Arbeitsschwerpunkte von Ricarda Scheiner und ihrem Team aus etwa 15 menschlichen Mitarbeitern am Biozentrum der Uni Würzburg. Ihre Kernhypothese: »Bienen haben unterschiedliche Reaktionsschwellen für Reize, und wenn eine Reizschwelle überschritten wird, dann fängt die Biene an, einen bestimmten Job auszuführen.« So würden frisch geschlüpfte Larven etwa einen Duftstoff aussenden, ein sogenanntes Brutpheromon, für dessen Duft manche Bienen eine relativ niedrige Schwelle hätten, erläutert die Verhaltensbiologin. »Diese Bienen sind die Ersten, die anfangen, Pollen für das Larvenfutter zu sammeln.«

Um zu verstehen, wie diese Reaktionsschwellen mit dem Verhalten eines Tieres verknüpft sind, nutzt Scheiner ein relativ einfaches Mittel: Zuckerwasser. Dazu spannt sie die Biene in eine Halterung und bietet ihr Zuckerwasser in verschiedenen Konzentrationen an. »Je höher die Konzentration ist, desto höher ist die Wahrscheinlichkeit, dass die Biene ihren Rüssel herausstreckt«, sagt Scheiner. Sie und ihr Team haben herausgefunden, dass Bienen je nach Job unterschiedliche Schwellen für Zuckerwasser haben – und sich diese mit bestimmten Genen und Neurotransmittern modulieren lassen. »Einer dieser Neurotransmitter ist Octopamin, er ähnelt dem menschlichen Adrenalin und funktioniert bei Bienen wie ein Stresshormon, das freigesetzt wird, wenn sie in Alarmbereitschaft versetzt werden. Wenn man den Bienen, die im Stock arbeiten, diesen Stoff zuführt, dann fangen sie eher an zu sammeln.«

Viele Insektizide sind auch für Bienen schädlich. Um die Wirkung solcher Umweltgifte auf die Tiere zu untersuchen, benutzt sie winzige RFID-Chips, das steht für »radio frequency identification« und ist ein System, mit dem sich Gegenstände kontaktlos elektronisch erfassen lassen. Die Biene bekommt einen dieser Chips aufgeklebt, und am Eingang zum Bienenstock werden zwei Scanner angebracht: Wenn eine der getaggten Bienen dort hindurchfliegt, wird sie registriert, und so können Scheiner und ihr Team erkennen, wie lange sie

unterwegs ist. »Besonders sogenannte Neonicotinoide können das Orientierungsverhalten der Bienen schädigen und dazu führen, dass sie langsamer zum Bienenstock zurückfliegen oder gar nicht zurückfinden«, erklärt Scheiner. »Das ist wichtig, denn wenn die Bienen nicht ausreichend Futter sammeln, können sie das Volk nicht ernähren, und es bricht zusammen.«

Und in diesem Bereich gibt es sogar einige gute Neuigkeiten: Als sie am Biozentrum mittlerweile verbotene Pflanzenschutzmittel untersuchten, maßen sie starke Nebenwirkungen auf Bienen – bei den aktuell zugelassenen seien die Schäden dafür viel geringer gewesen, sagt Scheiner. »Das müssen wir aber weiter untersuchen, denn es gibt Wechselwirkungen zwischen Insektiziden und Fungiziden, die sehr schädlich sein können, und das ist bislang kaum erforscht.«

KÜNSTLICHE INTELLIGENZ
» Daten statt warten

Abends im Gebäude M2 des Fachbereichs Informatik: Die meisten Büros sind abgeschlossen, die Flure sind leer, der Getränkeautomat am Eingang summt tapfer gegen die Stille an. Um so schöner, dass Prof. Frank Puppe um 18 Uhr noch Zeit für ein Gespräch findet – seit 1992 hat er den Lehrstuhl für Künstliche Intelligenz inne, ein Fachgebiet, das in den nächsten Jahren massiv wachsen soll: »Würzburg ist neben München, Erlangen und Ingolstadt eines der vier Zentren für Künstliche Intelligenz in Bayern«, sagt Puppe. »Dieser Bereich soll deutlich ausgebaut werden und insgesamt 19 neue Professorinnen und Professoren bekommen.«

Einer der Schwerpunkte in seiner Arbeit ist die Bildverarbeitung: Hier entwickelt sein Team zum Beispiel ein System zur Verbesserung von Koloskopien, bei denen der Computer selbstständig die Bilder interpretiert. Gemeinsam mit Kolleginnen und Kollegen von der Gastroenterologie der Universitätsklinik Würzburg hat sein Institut eine Dreifachkamera konfiguriert, die nicht nur nach vorne schaut, sondern auch zu den Seiten, sodass sie die Fläche der Darmwand besser erfassen kann. Im Zentrum des Programms stehen sogenannte neuronale Netze, die ähnlich einem Nervensystem die Bilddaten sofort erkennen und auswerten.

Ein weiterer wichtiger Bereich ist die Digitalisierung von gedruckten Dokumenten – aber die KI soll eine Seite nicht einfach nur scannen, sie soll den Text begreifen und in ein eigenes Dokument umsetzen. Puppe holt ein großes Buch hervor, gebunden in blaugrauen Stoff, die Seiten sind am Rand etwas angegilbt. »Dies ist ein Wochenbericht des Deutschen Instituts für Wirtschaftsforschung aus dem Jahr 1964, der enthält viele

FOTOS: DANIEL PETER, GEORG KNOLL, DANIEL PETER/UNIKLINIKUM WÜRZBURG

Prof. Ricarda Scheiner (1) ist fasziniert vom Verhalten der Bienen, die so wichtig sind für die Artenvielfalt, während Prof. Frank Puppe (2) den stark wachsenden Fachbereich der Künstlichen Intelligenz leitet. An der Uniklinik (3) wird derweil erforscht, wie sich Krebszellen mit dem körpereigenen Immunsystem angreifen und ausschalten lassen – ganz ohne Chemotherapie

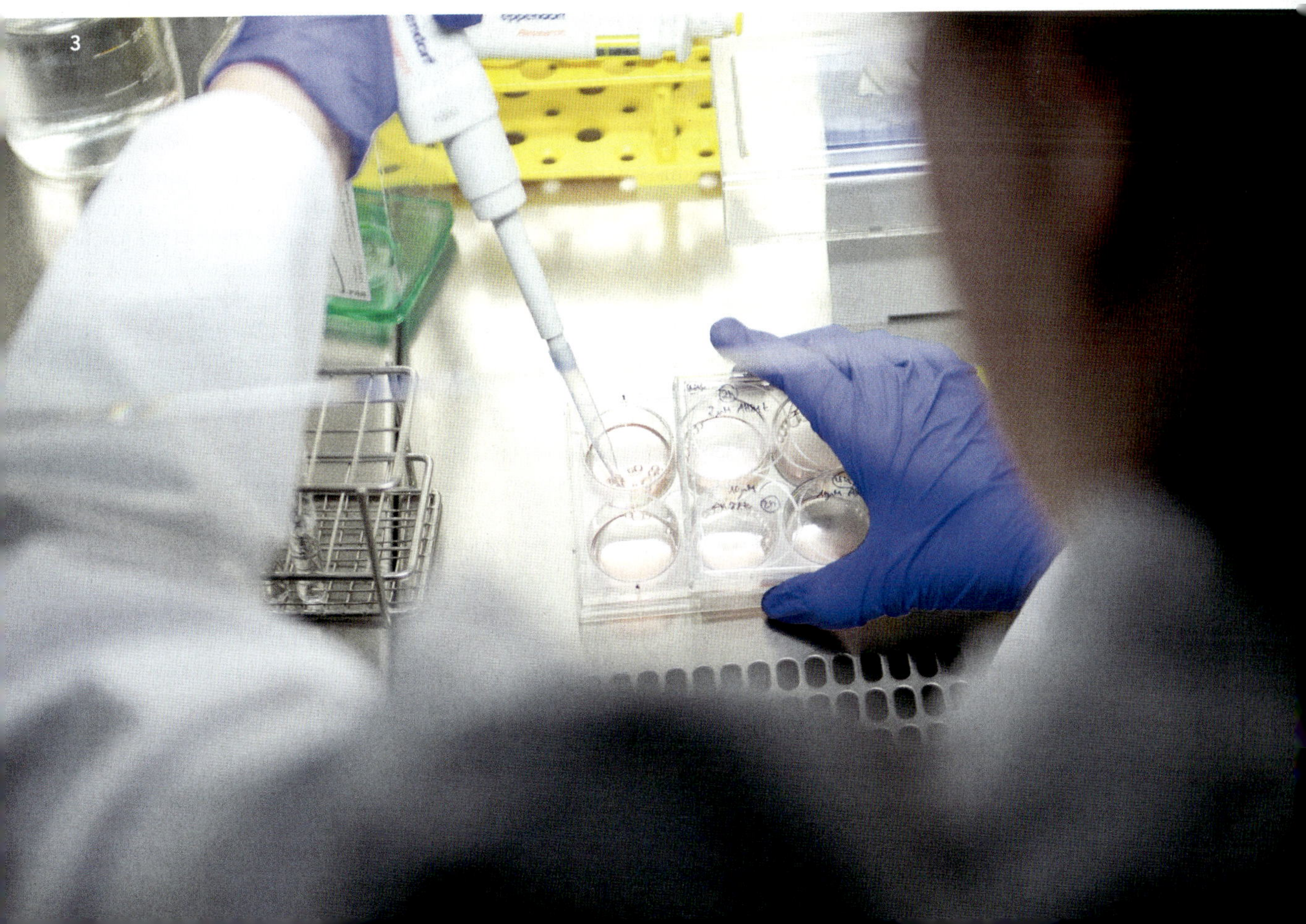

KREBS HEILEN MIT NUR EINER INFUSION? JA, IN MANCHEN FÄLLEN GEHT DAS

Listen und Tabellen«, sagt er. »Auf den eingescannten Seiten soll der Computer nicht nur Textdaten transkribieren, sondern auch die Tabellen verstehen.«

Und der dritte Fokus seines Instituts: die Sprachverarbeitung. Hier sind mehrere Chatbots in der Entwicklung, mit denen die Nutzerin oder der Nutzer auf dem Computer direkt über Texteingaben debattiert – zum Beispiel über die Folgen der Künstlichen Intelligenz. »Das Thema eines Bots, an dem wir arbeiten: Sollen Patientinnen und Patienten zu einem Untersuchungszentrum gehen können, wo keine Ärztinnen und Ärzte mehr tätig sind, sondern wo medizinisches Fachpersonal die Untersuchungen durchführt und die Ergebnisse von einer KI zur Diagnose und Therapieentscheidung ausgewertet werden?« Solche Zentren gebe es zwar noch nicht, räumt Puppe ein, aber er und sein Team gehen davon aus, dass es nur eine Frage der Zeit ist, bis die KI dafür zur Verfügung steht.

Ein anderer von Puppes Chatbots beschäftigt sich mit Hatespeech im Internet und soll Juristinnen und Juristen helfen, bei der Bearbeitung von Beleidigungen schneller zu handeln. Dafür arbeitet der Wissenschaftler eng mit dem Würzburger IT-Anwalt Chan-jo Jun zusammen, der auf Twitter häufig selbst Ziel von Hasskommentaren ist. Eines Tages, so die Idee, müsste eine Juristin oder ein Jurist dieser KI nur noch den Sachverhalt schildern, der Bot erfragt dann noch die rechtlichen Randbedingungen – und schlägt eigenständig eine Entscheidung vor.

ONKOLOGIE
» Das Immunsystem schlägt zurück

Vier bis sechs Zyklen hat eine Chemotherapie üblicherweise. Aber wie großartig wäre es, wenn man zur Behandlung nur eine einzige Infusion bekommen müsste? Was wie Zukunftsmusik klingt, ist in Würzburg tatsächlich für manche Krebsformen schon Realität. Bösartige Erkrankungen des Lymph- und Blutsystems lassen sich an der Uniklinik mit der revolutionären CAR-T-Zelltherapie behandeln, bei der Immunzellen aus dem eigenen Blut auf die Krebszellen trainiert werden.

Dazu wird erst einmal Blut entnommen, und die weißen Blutzellen, die Leukozyten, werden herausgefiltert. Eine bestimmte Form der Leukozyten, die T-Zellen, isoliert man im Labor und versetzt sie mit einem sogenannten chimären

Antigenrezeptor, kurz CAR, der an die Krebszellen im Körper angepasst ist. Der CAR wandert vom Inneren der T-Zellen an ihre Oberflächen und stellt sie damit quasi scharf – per Infusion erhält jede Patientin und jeder Patient so CAR-T-Zellen, die genau auf ihre oder seine Krebszellen zugeschnitten sind. »Die Zellen verbleiben im Körper und bekämpfen weiterhin die Tumorzellen, oft über Jahrzehnte hinweg«, sagt Prof. Hermann Einsele.

Er ist Direktor der Klinik Medizin II an der Universitätsklinik Würzburg und forscht mit seinem Team seit Jahren an der Entwicklung dieser Therapie. Mit wie viel Erfolg deuten die vielen Auszeichnungen an, die er und seine Mitarbeiterinnen und Mitarbeiter schon bekommen haben – Einsele selbst erhielt 2022 etwa den renommierten Erasmus-Hämatologie-Preis des Erasmus University Medical Center in Rotterdam. Eine der Grundlagen des Erfolgs seiner Klinik sieht er darin, dass es ihm immer wieder gelingt, junge Mitarbeiterinnen und Mitarbeiter zu finden, die im Ausland gearbeitet oder studiert haben, und auch die direkte Zusammenarbeit mit Forschungseinrichtungen in anderen Ländern ist Einsele wichtig. Die größte Errungenschaft aber sind für ihn natürlich die Behandlungsergebnisse. »Die Patientinnen und Patienten gewinnen Zeit, und bei den aggressiven Formen von Lymphdrüsenkrebs werden 30 bis 40 Prozent sogar geheilt«, erklärt Einsele. »Selbst bei weit fortgeschrittenen Erkrankungen können CAR-T-Zellen die Patienten teilweise heilen, oft verlängern sie zumindest die Lebenserwartung – die Ansprechraten sind dramatisch besser als bei jeder anderen Therapie.«

Blut ist zwar flüssig, medizinisch betrachtet aber ist es ein Gewebe – leider wirken die CAR-T-Zellen allerdings bislang noch nicht bei sogenannten soliden Tumoren, also in festem Gewebe. »Bei den bösartigen Bluterkrankungen können CAR-T-Zellen die Tumorzellen im Blut und im Knochenmark besser erreichen, weil sie sich mit dem Blut bewegen und sie die Krebszellen so früher oder später antreffen«, erklärt Prof. Hermann Einsele. »Außerdem haben solide Tumore nur selten Oberflächenmarker, die selektiv von CAR-T-Zellen erkennbar sind, und die Tumorzellen bauen gleichsam Mauern aus anderen Zellen um sich herum auf.«

Aber das soll sich ändern, Einseles Team arbeitet daran: Es laufen Forschungsprogramme zur Immuntherapie gegen Brustkrebs, Bauchspeicheldrüsenkrebs, Nierenzellkarzinom, Lungenkrebs und dem Glioblastom, einem besonders aggressiven Gehirntumor. »Es ist heute schon möglich, etwa die Hälfte aller Tumorerkrankungen zu heilen, aber nicht jede«, sagt Einsele. »So weit sind wir leider noch nicht.« Aber sollte es ihm und seiner Forschergruppe gelingen, die Universität Würzburg hätte womöglich bald den 15. Nobelpreisträger in ihren Reihen.

Wirtschaft aus erster Hand.
Sofort in Ihrer Hand.

Von Geldanlage bis Wirtschaftspolitik: Mit der **neuen App der WirtschaftsWoche** verstehen Sie die Hintergründe aktueller Nachrichten und profitieren von konkreten Finanztipps.

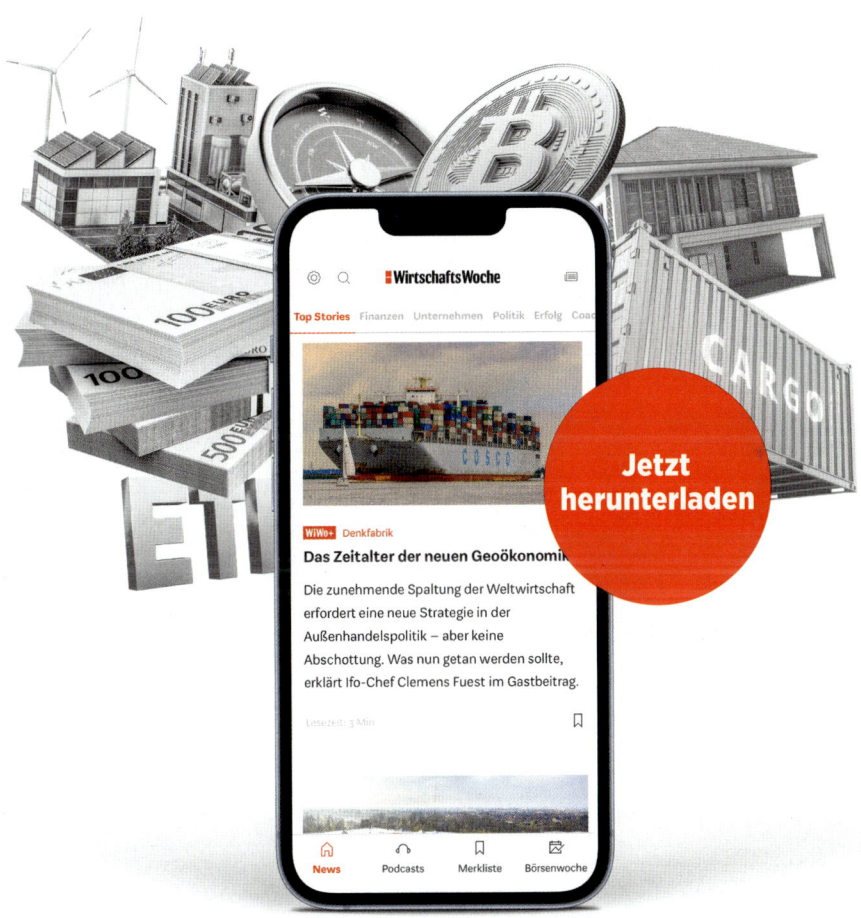

EIN SPEICHER FÜR DIE KUNST

Wo einst im Alten Hafen das Getreide lagerte, sind heute zwei hochkarätige Sammlungen zu Hause. Der **Kulturspeicher** ist aber noch mehr als ein Museum, seine Architektur hat eine Brache am Main zu neuem Leben erweckt

TEXT **BURKHARD ZIMMERMANN**

Bei der Sanierung wurde die Fassade
nicht völlig von Rückständen be-
freit, sondern nur gewaschen –
die verbleibende Patina erzählt von
der Geschichte des Gebäudes

FOTOS: KAROLINA SOBEL, ANNA MUTTER (2); CAMILLE GRAESER: KOMPLEMENTÄR-RELATION DER HORIZONTALEN III, 1961/78 UND TRANSLOKATION B., 1969/CAMILLE GRAESER-STIFTUNG/VG BILD-KUNST, BONN 2022, MAX BILL: KERN AUS DOPPELUNGEN, 1968/VG BILD-KUNST, BONN 2022

Luisa Heese führt das Museum im Kulturspeicher, zu dem neben der Städtischen Sammlung auch die Sammlung Peter C. Ruppert mit geometrisch geprägten Werken der Konkreten Kunst gehört

Das liegt da jetzt und das bleibt da auch. Zu der Skulptur »Ohne Titel« der tschechischen Bildhauerin Magdalena Jetelová aus dem Jahr 1988 gehören drei grob behauene Eichenbalken, sie sind einen guten halben Meter hoch, mehr als zwei Meter breit und fast vier Meter lang und liegen im Kulturspeicher in Würzburg in einer Ausstellung der Städtischen Sammlung. »Die kriegen wir hier nie wieder raus«, sagt Luisa Heese, seit 2020 Leiterin des Museums im Kulturspeicher. Die Skulptur wurde mit einem Kran angeliefert, bevor das Treppenhaus fertig war. Nun passt sie durch keine Tür mehr und ist zu schwer, um sie über die Treppen wieder hinauszubekommen. Aber Luisa Heese sieht darin kein Problem: »Als Museum wollen wir ja Kunst für die Zukunft bewahren.«

Und dieses Museum bewahrt nicht nur Kunst sehr unterschiedlicher Stilrichtungen, sondern auch einen einstigen Getreidespeicher, der 1904 erbaut und vor 21 Jahren umfunktioniert und so am Leben gehalten wurde. Seine lang gezogene Fassade mit drei Schweifgiebeln ist gut erhalten. Und auch im Innern sind tragende Elemente noch gut zu sehen, kommen teils erst richtig zur Geltung seit dem Umbau. Ein Raum, der Luisa Heese immer wieder beeindruckt, ist das Foyer. Dort sind über drei Etagen, vom Boden bis unters Dach, senkrecht und quer angelegt, die alten Eichenbalken zu sehen, die früher die Geschosse getragen haben. »Dieses Foyer ist der Wahnsinn«, sagt Luisa Heese. »Wir machen hier oft Veranstaltungen, die Akustik ist sehr gut – vermutlich durch die Eichenbalken, die in unterschiedliche Richtungen im Raum verlaufen.«

Christian Brückner kann sich noch gut an den Tag erinnern, als er diese Eichenbalken zum ersten Mal gesehen hat. »Damals waren noch die Geschossdecken drin, und hier liefen Ratten rum«, erzählt er. »Aber wir waren beeindruckt von diesen alten Balken. Wenn Sie sich die geschwungenen Verzierungen an ihren Enden anschauen, dann sehen Sie, dass es hier nicht nur um einen Zweckbau ging, sondern dass man damals auch Freude an dem Gebäude hatte und vielleicht sogar stolz darauf war.« Christian Brückner leitet gemeinsam mit seinem Bruder Peter das Büro Brückner & Brückner Architekten, das 1996 den Wettbewerb für den Umbau des Speichers gewann. Beide waren jung, Christian Brückner 25, sein Bruder 34, mit alten Strukturen zu arbeiten, wurde durch den Kulturspeicher ihr Markenzeichen. »Wir wollten ein Bauwerk, das seine Geschichte erzählen kann, in dem aber gleichzeitig die Kunst ihren Raum hat«, sagt Christian Brückner. »Und so haben wir uns entschieden, die Fassade zu erhalten, das Innere fast vollständig zu entkernen und alle Anbauten so zu gestalten, dass sie mit dem Gebäude

Die Eichenbalken,
auf denen früher die
Geschossböden lagen,
strukturieren den
hohen Raum des Foyers

1 »Ohne Titel« von Magdalena Jetelová setzt einen gewichtigen Akzent in der 2 Städtischen Sammlung 3 Peter Webers »Fragment FGM10 (8) Nr. 1« ist eine Wandskulptur aus Filz 4 Ludwig von Gleichen-Russwurm malte die »Landschaft bei Bonnland im Frühsommer«

ein organisches Ganzes ergeben, welches die Kultur und Geschichte seiner Umgebung aufnimmt und wieder zurückspielt.« Das Gebäude wurde durch zwei Erweiterungen an den Seiten von 128 auf 160 Meter verlängert. Deren Fassaden sind mit quer angebrachten Lamellen verkleidet, die den jeweiligen Farbton des Steins an dem historischen Gebäude fortführen. Die unteren bestehen aus Muschelkalk wie der Sockel, die oberen aus Sandstein wie die Fassade der oberen Geschosse des Speichers. Zwei quaderförmige Anbauten auf der Rückseite imitieren die Formgebung von gestapelten Containern und folgen so der Formensprache des einstigen Hafens, die grünliche Farbe ihrer Glasverkleidung ähnelt der von angelaufenem Kupfer. Durch das Treppenhaus hat man Zugang zu Terrassen auf ihren beiden Dächern. Das Gebäude bietet heute so viel Platz, dass sogar noch drei weitere Einrichtungen im Kulturspeicher zu Hause sind: Die Galerie des Berufsverbandes Bildender Künstlerinnen und Künstler Unterfranken, das Kabarett Bockshorn und das Theater Augenblick, in dem Menschen mit Behinderung als Schauspielerinnen und Schauspieler arbeiten.

3500 Quadratmeter sind allein den Ausstellungen vorbehalten, zwei davon speisen sich aus den beiden Sammlungen, die den Grundstock des Museums bilden: Die Städtische Sammlung, bestehend aus etwa 2000 Gemälden, mehr als 430 Skulpturen und Tausenden von grafischen Arbeiten und die Sammlung des 2019 verstorbenen Vermögensverwalters Peter C. Ruppert, zu der rund 400 Werke aus der Stilrichtung der Konkreten Kunst gehören. Seit der Museumseröffnung am 22.02.2002 ist die Konkrete Kunst im vom Eingang gesehen linken Flügel, die Städtische Sammlung im rechten zu sehen. Im Erdgeschoss des rechten Flügels finden wechselnde Schauen statt. Luisa Heese, die vorher kommissarische Direktorin der Staatlichen Kunsthalle Baden-Baden war und mit 35 hierherkam, sieht die insgesamt zwölf Räume und das ganze Gelände als große Spielwiese.

Die ab 1941 aufgebaute Städtische Sammlung legt ihren Schwerpunkt auf die sogenannte mainfränkische Kunst des 19. und 20. Jahrhunderts, dabei gibt es viele internationale Verknüpfungen – wie bei Magdalena Jetelová, die jene unverrückbare Skulptur schuf. 1984 kam sie für ein Arbeitsstipendium nach Bayern. »Die Sammlung hat sich früh über die Grenzen des geografischen Raums hinaus entwickelt«, erläutert Heese. »Manche Künstlerinnen und Künstler wurden hier geboren, haben dann woanders studiert und sind wieder zurückgekommen oder auch nicht.« Eines der wichtigsten Bilder der Sammlung macht das deutlich: das Ölgemälde »Landschaft bei Bonnland im Frühsommer« von Ludwig von Gleichen-Russwurm aus dem Jahr 1896.

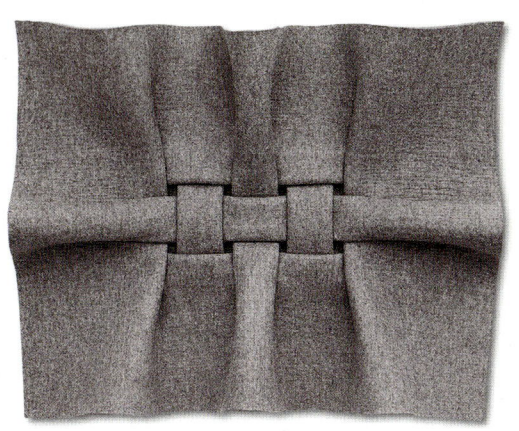

3 4

Über einer Landschaft aus grünen Wiesen türmen sich weiße Wolkenberge, durch den Hintergrund ziehen sich Streifen aus dunklem Wald. »Ludwig von Gleichen-Russwurm hat eigentlich den Impressionismus nach Deutschland geholt«, meint Luisa Heese. »Er ist früh nach Frankreich gereist, hat in Weimar studiert und dort viel impressionistisch gemalt.« Auf diesem Gemälde sei der französische Einfluss besonders gut zu sehen: Es zeigt den Ausflug einer Städterin aufs Land, im Vordergrund einige Hühner als ländlichen Akzent.

Eine der Stärken des Museums liegt in dem Spannungsfeld zwischen den Exponaten, von denen einige die Betrachterin oder den Betrachter durchaus fordern. Die Skulptur »Ohne Titel« von Berit Holzner aus dem Jahr 2013 ist ein Objekt wie ein verwachsener Knochen mit einer knotigen Oberfläche, so groß wie ein Oberschenkel, in der Mitte geknickt und mit knorrigem, missgebildetem Gelenk an beiden Enden. Wäre das der Knochen einer lebenden Kreatur, dann würde man vermutlich gern einen großen Bogen um sie machen. Auch das Gemälde »Zum 16. März 1945« von Wolfgang Lenz wirkt so beeindruckend wie verstörend: Es zeigt das brennende Würzburg umgeben von dunkler Nacht, die Menschen fliehen über die Alte Mainbrücke aus der Stadt. Die Skulpturen von Heiligen auf der Brücke, die viele Besucherinnen und Besucher entzücken, sind hier ins Gigantische ver-

größert, doch in ihren prächtigen Roben stecken riesige Skelette, die aus leeren Höhlen auf die Menschen und über sie hinwegstarren. Der 2014 verstorbene Wolfgang Lenz genoss in Würzburg hohes Ansehen, er hat ab den siebziger Jahren die Hinterglasmalereien im Spiegelkabinett der Residenz wieder hergerichtet. Mit diesem Gemälde aus dem Jahr 1971 bildete er ein Trauma der Stadt und ihrer Bewohner ab.

Vollkommen andere Bilderwelten eröffnen sich auf den drei Etagen des anderen Gebäudeflügels: leuchtende Farbflächen, aus jeder Gegenständlichkeit gelöste Bilder und Objekte, jede Raumflucht ergibt ein Gesamtkunstwerk für sich. Die Sammlung Peter C. Ruppert ist eine der größten Konkreter Kunst in Europa. »Die Geschichte der Konkreten Kunst beginnt im frühen 20. Jahrhundert, häufig ging es um den Umgang mit Fläche und Raum auf eine Art, die uns als Betrachtende in der Wahrnehmung herausfordert«, sagt Luisa Heese. »Woraus besteht ein Werk? Wie schafft man Kunst, die uns etwas angeht, ohne dass wir zusätzliche Elemente für ihre Einordnung brauchen? Das sind bis heute wichtige Fragen, mit denen die Konkrete Kunst uns konfrontiert.« Besonders gefällt ihr das Exponat »Fragment FGM10 (8) Nr. 1« von Peter Weber aus dem Jahr 2003, eine große Wandskulptur aus gräulichem Filz, die in der Mitte wirkt, als seien breite Streifen rechtwinklig über-

FOTOS: WILFRIED DECHAU, ANDRÉ MÜHLING, MJU-FOTOGRAFIE/MARIE LUISA JÜNGER/HÜMPFERSHAUSEN, BRÜCKNER & BRÜCKNER ARCHITEKTEN, TIRSCHENREUTH/WÜRZBURG

Die Brüder Christian und Peter (rechts) Brückner von Brückner & Brückner Architekten haben mit streng gestalteten, farblich abgestimmten Anbauten ein zusammenhängendes Ganzes geschaffen

einander geflochten, während ihr Rand sich wölbt wie das Blatt einer Pflanze. Weber arbeitet viel mit Filz und faltet ihn zu großen Reliefs. »Das ist faszinierend, denn Filz ist ein Material, das sich eigentlich nicht falten lassen möchte«, sagt die Direktorin. »Seine Arbeiten sind sehr körperlich, weil Filz ja auch ein warmes Material ist. Dieses Werk sieht aus, als sei es aus geschnittenen Elementen zusammengesetzt, aber es besteht aus einem Stück Filz, das Weber genau berechnet und dann gefaltet hat. Man könnte die Wandskulptur jetzt auseinanderziehen – das gibt ihr etwas Geheimnisvolles. Auch das kann Konkrete Kunst.«

W as Kunst in Verbindung mit Architektur kann, wird draußen deutlich, wenn es dämmert. Dann beginnen die LCD-Lampen hinter den blauen Acrylleisten zu leuchten, die senkrecht an der Frontseite des alten Speichers angebracht sind. »Blue Line« heißt die Installation der österreichischen Künstlerin Waltraut Cooper, die dem riesigen Gebäuderiegel Struktur gibt. Und manchmal, im Sommer, lebt das ganze Hafenbecken beim sogenannten Hafensommer abends auf, mit Konzerten oder Partys. Auch dieses Becken, über das einst das Getreide angelandet wurde und in dem heute auf einem Schiff der Kunstverein untergeberacht ist, hat durch die Brückners ein neues

Gesicht bekommen. Wenn man von den Dachterrassen des Museums nach links blickt, dann sieht man, wie der Main gegen eine große Freitreppe plätschert. Dahinter ragt eine riesige konkave Wand auf: Sie gehört zum Heizkraftwerk, das seit 1954 im Betrieb ist und dessen äußeres Erscheinungsbild die Brückners mit umgestalten. Seine Fassade ist verkleidet mit senkrechten, silber- und kupferfarbenen Lamellen aus Aluminium. Durch den Kupferton bekommt das Kraftwerk eine Anmutung von Wärme. »Dort, wo die Kohle angeliefert wurde, haben wir die Treppe gebaut, auf der man unter dem gewölbten Dach gut sitzen kann«, erklärt Brückner. Während des Hafensommers ist die Treppe voller Menschen und im Becken schwimmt eine Bühne, auf der Konzerte stattfinden.

Die Lamellen mit ihrer changierenden Farbe haben noch eine Wirkung, vor allem, wenn man sich entlang des Kraftwerks bewegt, denn seine Form ähnele einem Ozeandampfer, findet Christian Brückner. »Je nach Blickwinkel hat das Material eine unterschiedliche Farbe, das macht das Gebäude dynamisch und verstärkt den Eindruck eines fahrenden Schiffes.«

Kunst beschränkt sich nicht auf Museumsräume, sie reicht weit darüber hinaus. Dafür ist dieses Ensemble das beste Beispiel. ◾

Museum im Kulturspeicher: Oskar-Laredo-Platz 1 kulturspeicher.de. Der Hafensommer findet jedes Jahr knapp drei Wochen lang im Juli und August statt, alle Termine finden Sie unter hafensommer-wuerzburg.de

Industrie verschmilzt mit Kultur:
Unter dem gewölbten Dach am
Heizkraftwerk, gleich neben
dem Kulturspeicher, genießt das
Publikum den Hafensommer

Die Stadt setzt sich in Szene

Das Vierspartenhaus baut um und weicht auf andere Spielstätten aus.
Und auch andere Kulturschaffende erobern Räume von der alten Kirche,
über den Kulturspeicher bis zum Museum am Dom

Was für ein Theater!

Wäre die Sanierung des **Mainfranken Theaters** selbst ein Stück, es ließe sich noch nicht genau
sagen, ob es als Tragödie oder Komödie endet. Auf der einen Seite: Die Wiedereröffnung des
»Großen Hauses« am Marktplatz verzögert sich bis voraussichtlich 2026 und wird massiv teurer als
geplant – um mindestens das Fünffache. Auf der anderen Seite: Der Neubau mit dem schicken
»Kleinen Haus« soll bereits in dieser Spielzeit eingeweiht werden. Die aufwendigen Schauspiel-
und Musiktheater-Produktionen von Würzburgs großem Vierspartenhaus, etwa die Neuauflage von
Mozarts »Zauberflöte« (Foto), werden also noch eine Weile auf die Theaterfabrik Blaue Halle
ausweichen müssen. Die Konzerte des Sinfonieorchesters finden wie immer im Konzertsaal der
Hochschule für Musik statt, und auch das Rathaus sowie der Toscanasaal der Residenz werden
von dem Theater bisweilen für besondere Aufführungen genutzt. Theaterstr. 21, mainfrankentheater.de

Das Spitäle zeigt Gemälde und Installationen, hier der »Glücksläufer« von Matthias Kraus und Alois Straub

HEILIGE HALLEN

Während der ersten Schau 1968 sollen noch Tauben in die im Krieg zerstörte Kirche geflattert sein, heute zählt das »Spitäle« genannte einstige Gotteshaus mit seiner Empore aus Stahl und Glas zu Würzburgs modernsten Galerien.

Zeller Str. 1, vku-kunst.de

Frankens Schätze, kleine Bühnen und Röntgens Labor

IN DER FESTUNG

Zwischen den Schenkeln des Gottvaters hängt sein Sohn am Kreuze, zu seinen Füßen kniet demütig das Stifterpaar: Der sogenannte Gnadenstuhl, der lange das Würzburger Bürgerspital schmückte, ist ein Paradebeispiel der mittelalterlichen Bildhauerkunst – und heute eines der Leuchtturm-Objekte im **Museum für Franken.** Das Museum ist bereits mehr als hundert Jahre alt und zu Hause im Kommandantenbau und der Echterbastei oben auf der Festung. Dort hat die vielseitige Sammlung in 45 Räumen Platz, sich angemessen zu präsentieren. Die Abteilung über die Stadtgeschichte ist leider derzeit geschlossen, daneben gibt es aber noch jede Menge historische Möbel und Gemälde zu bewundern, darunter Werke von Lucas Cranach, außerdem hat das Museum mit rund 80 Reliefs und Skulpturen die weltweit größte Sammlung der Werke Tilman Riemenschneiders (S. 80).
Festung Marienberg, museum-franken.de

VORHANG AUF!

Das Mainfranken Theater (links) mag Würzburgs größte Bühne sein, aber auch die kleineren bieten fantastische Performances. Das **Bockshorn Theater** ist für seine Kabarettabende bekannt, dort traten schon Größen der Zunft wie Dieter Hildebrandt oder Urban Priol auf. Gegründet wurde das Bockshorn 1984 im kleinen Sommerhausen, seit 2001 ist es im Würzburger Kulturspeicher zu Hause (S. 90). Ebenfalls im Kulturspeicher hat das **Theater Augenblick** seit Oktober 2022 seine Heimat. Das 1998 gegründete Theater ist das einzige in Bayern, in dem das Schauspielerensemble ausschließlich aus Menschen mit Behinderungen besteht. Nach den Aufführungen treffen sich Schauspieler und Publikum oft noch im Foyer. 2022 hat die **Theaterhalle am Dom** ihre Türen geöffnet, dort zeigt vorwiegend das »kollektiv anderer tanz« seine Choreografien. Die neue Tanzbühne befindet sich im Museum am Dom, vor den Shows trifft man sich gern zu Einführungen im hübschen »Kunstcafé« zwischen Saal und Foyer.
Bockshorn Theater & Theater Augenblick: Oskar-Laredo-Platz 1
bockshorn.de, theater-augenblick.de

Theaterhalle am Dom: Kiliansplatz 1
theaterhalle.com

BEIM NOBELPREISTRÄGER

An einem Freitagabend, als alle seine Kollegen sich längst ins Wochenende verabschiedet hatten, entdeckte Wilhelm Conrad Röntgen in seinem Labor die später nach ihm benannte Strahlung. Genau dieses Labor des späteren Nobelpreisträgers kann in der neu gestalteten **Röntgen-Gedächtnisstätte** besichtigt werden, auch ein Kathodenstrahl- sowie ein Durchleuchtungsversuch mit X-Strahlen sind dort aufgebaut. Auch zu sehen: der historische Hörsaal Röntgens in der heutigen Hochschule Würzburg-Schweinfurt. Die deutlich größere Universität Würzburg hat ihr eigenes Ausstellungshaus, das **Martin von Wagner Museum,** seinerseits das größte Universitätsmuseum Europas. Es ist im Südflügel der Residenz untergebracht und besteht aus zwei großen Sammlungen: der Antikensammlung mit einer beeindruckenden Kollektion griechischer Vasen sowie der Gemäldegalerie mit Werken vom 15. bis ins 19. Jahrhundert.
Röntgen-Gedächtnisstätte: Röntgenring 8
wilhelmconradroentgen.de

Martin-von-Wagner-Museum: Residenzplatz 2, Tor A
martinvonwagner-museum.com

ALS DIE FÜRST-BISCHÖFE WÜRZBURGS GESCHICKE LENKTEN

TEXT **FRANZ LENZE**

Eine Universität, Europas wohl größtes Krankenhaus und eine Residenz, die ihresgleichen sucht: Rund 700 Jahre lang regieren die Fürstbischöfe Würzburg und treiben die Stadt zu sagenhafter Blüte. Aber auch zu Judenpogromen und Hexenverbrennungen

FOTOS: ALAMY STOCK PHOTO, BAYERISCHE SCHLÖSSERVERWALTUNG/NÜRNBERG LUFTBILD/HAJO DIETZ, STAATSARCHIV WÜRZBURG, DOMKAPITEL WÜRZBURG URKUNDEN 1168 JULI 10 /II

STAUFERKAISER FRIEDRICH I. (um 1122-1190), genannt Barbarossa, ist ein Bewunderer Würzburgs. Er hält in der Stadt, über der sich malerisch die trutzige Festung Marienberg erhebt, seine Hoftage ab, heiratet sogar hier. Und räumt ihren Bischöfen umfassende neue Rechte ein

W

Was wären Würzburgs Fürstbischöfe bloß ohne Barbarossa? Salopp gesagt: nichts als Bischöfe. Denn erst Friedrich I., der Stauferkaiser mit dem roten Bart, erhebt die Geistlichen im Jahr 1168 auch in den Rang eines Herzogs. Der Grund ist eine Flunkerei. Ein kleiner Betrug. Bischof Herold legt dem Kaiser nämlich mehrere Urkunden vor, die beweisen sollen, dass sich die Amtsgewalt der Bischöfe ohnehin über das Hochstift erstreckt. Also geistliches und weltliches Recht längst in den Händen von Würzburgs Kirchenoberhaupt liegen. Nur: Die Dokumente sind Fälschungen, vielmals korrigiert, ihr Siegel von anderen Urkunden übernommen.

Durchschaut Barbarossa den Schwindel? Jedenfalls lässt er die Dokumente prüfen – um dann schließlich eine neue, eigene Urkunde auszustellen, die »Güldene Freiheit«, versehen mit seinem goldenen Siegel. Warum auch nicht? Barbarossa ist Würzburg zugetan. Eine Pfalz liegt hier, mehrere Hoftage hält er in der Stadt ab. Er heiratet hier sogar! Feiert mit mehr als

Barbarossas Urkunde »Güldene Freiheit« krönt Würzburgs Bischöfe auch zu Herzögen

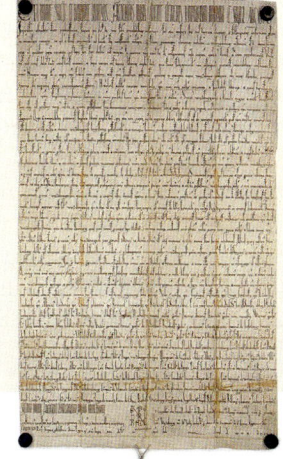

500 Gästen über Tage die Vermählung mit Beatrix von Burgund, seiner zweiten Frau. Fast scheint es, als sei Würzburg Barbarossas Lieblingsstadt.

Wen wundert's? Um diese Zeit ist Würzburg längst ein blühender Ort. Schon 1040 begann Bischof Bruno mit dem Bau eines gewaltigen Doms, gleich nebenan werkelten Steinmetze am wuchtigen Neumünster, das alte Stift Haug krönte eine neue Kirche und in der Pleich, heute Teil der Würzburger Altstadt, errichtete Baumeister Enzelin, bezahlt aus seinem eigenen Geldbeutel, eine Kapelle, dort, wo heute die Pfarrkirche St. Gertraud aufstrebt. Zu jener Zeit hatte Enzelin bereits sein Bravourstück vollbracht: Seit 1133 überspannt seine 185 Meter lange Steinbrücke den Main, mächtige Bögen, die sich auf acht Pfeiler stützen, weit und breit die einzige feste Flussquerung im Frankenland. Die Stadt schwelgt im Wohlstand: Domherren und Stadtobere bauen sich prächtige Giebelhäuser, Handwerker strömen in die Stadt, auf dem täglichen Markt bieten Händler an rund 20 Ständen ihre Waren feil. Würzburgs erster Fürstbischof Herold von Höchheim kann mit leichter Hand regieren.

FÜRSTBISCHOF JULIUS ECHTER (1545-1617) läutet in Würzburg
die Renaissance ein. Unter seiner Ägide erhält die Stadt wieder eine
erfolgreiche Universität. Und er gründet 1576 das Juliusspital,
damals wohl das größte Krankenhaus Europas und bis heute in Betrieb.
Im Bild links: der Torbogen zum Innenhof des Hospitals

Schon knapp 100 Jahre später wankt das friedliche Miteinander. Würzburgs Bürger sind erbost. Diese ewigen Privilegien der Geistlichen! Bei den Steuern, den Frondiensten, beim Zehnt. Sie fordern eine Teilhabe an der Stadtherrschaft, doch die Fürstbischöfe wehren sich. Verbieten Zünfte, setzen den Rat der Stadt ab, kassieren die Schlüssel für die Stadttore. Wieder und wieder kommt es zu Scharmützeln. 1253 fällt Fürstbischof Hermann I. in die Hände aufgebrachter Bürger. Nur Dank einer List kann er hinter die dicken Mauern der Festung Marienberg entkommen. Seit diesem Vorfall residieren die Fürstbischöfe nicht mehr in ihrem Stadtpalais, sondern in der stark bewachten Burg hoch oben über dem Main. Zumindest für die nächsten 450 Jahre.

Ruhe aber kehrt nicht ein. Wie böse Vorboten fegen nun auch noch Hagel und Stürme übers Land, Ernten erfrieren, Fluten vernichten Äcker und Weingärten. Ende Juli 1342 steigt der Main bei Würzburg sogar auf einen Pegel von mehr als zehn Meter. Eine »kleine Eiszeit«, ausgelöst vermutlich durch Vulkanausbrüche, stürzt auch die Bewohner der Stadt in Hunger und Not. Und zu allem Übel lauert in der Ferne noch eine andere Katastrophe: die Pest. Die Menschen sind in Panik. Droht die Apokalypse, das Ende der Welt? Die Würzburger glauben, die Schuldigen zu kennen. Am 21. April 1349 stürmt der Mob das jüdische Viertel und erschlägt alle Einwohner, angefeuert vom Schweigen des Fürstbischofs.

Doch selbst dieser blutige Frevel bremst nicht den Kampf um die Stadt. Die Bürger weigern sich, die hohen Steuern zu zahlen, woraufhin Fürstbischof Gerhard von Schwarzburg sie mit einem Bann belegt. Keine heilige Messe mehr, keine Taufe,

keine Bestattung. Der Versuch, die Festung zu erobern, scheitert. Dabei glimmt im Sommer 1396 ein kleines Licht der Hoffnung auf: Am 24. Juli schließt sich Würzburg mit anderen Orten zum »Elfstädtebund« zusammen. Und tatsächlich sieht es mit einem Mal so aus, als füge sich alles Drängen und Kämpfen zu einem guten Ende. Für 4000 Gulden stellt Wenzel IV., der römisch-deutsche König, Würzburg und seinen Verbündeten eine Urkunde aus, darin der bemerkenswerte Satz, dass man nun »in unsern und des Heiligen Reichs Schutz und Schirme« stehe. Ist das die lang ersehnte Reichsfreiheit? Die Würzburger frohlocken, dabei lehrt ja die eigene Geschichte, Urkunden genauer zu prüfen. Denn in dem Schreiben taucht ein weiterer bemerkenswerter Satz auf, der wohl in der ersten Euphorie nicht beachtet wird: Die Städte, steht da, sollten dem Bischof von Würzburg alle Rechte reichen, die ihm von altersher zustehen. Das klingt so gar nicht nach Selbstbestimmung und Mündigkeit.

Jetzt stehen die Zeichen auf Sturm! Taugen Verträge nichts, müssen Schwerter es richten. Mitte Januar 1400 krachen bei Bergtheim, 20 Kilometer nordöstlich von Würzburg, etwa 3000 bürgerliche Kämpfer auf 2500 gut gerüstete bischöfliche Streiter. Flugs sind die Aufständischen geschlagen, mehr als 1000 Männer tot, 2000 gefangen, ihre Anführer werden geviertelt oder aufs Rad gebunden. Es ist der Untergang von Würzburgs bürgerlicher Welt. Viele verlassen daraufhin die Stadt, die Zünfte verschwinden, zumindest vorerst. Von nun an ist der Fürstbischof unangefochtener Herrscher.

Es dauert Jahre, Jahrzehnte, bis sich die Stadt von dem Kahlschlag erholt. Und es braucht einen Fürstbischof wie Julius Echter, um Würzburg mit

JOHANN PHILIPP VON SCHÖNBORN (1605-1673), links, führt
Würzburg nach dem Dreißigjährigen Krieg in eine glorreiche Friedenszeit.
Sein Großneffe Johann Philipp Franz von Schönborn (1673-1724), rechts,
erbaut die berühmte Residenz, in Europa eine Messlatte
großherrschaftlicher Architektur

neuer Pracht zu füllen. Julius Echter von Mespel-brunn. Geboren 1545. Ausgebildet in Leuven, in Frankreich und Italien. Ein strebsamer Diener Gottes. 1573 wird er, von der Feste Marienberg böllern Salutschüsse, mit 11 von 22 Stimmen zum neuen Fürstbischof gewählt.

Mit Echter zieht die Renaissance in Würzburg ein, die architektonische Wiederbelebung der Antike mit harmonischen Proportionen, Kuppeln, Arkaden. 1576 gründet er das Juliusspital, in jenen Jahren wohl das größte Krankenhaus Europas. Der Bau, dessen vier Flügel um einen großen Innenhof wachsen, erhebt sich direkt an der Stadtmauer im Norden, wofür sogar der jüdische Friedhof planiert wird. Für Julius Echter kein Problem: Er ist ein strikter Verfechter des Katholizismus, nur seine Konfession zählt. Die Juden treibt er aus der Stadt, Luthers Reformation bekämpft er erbittert, in seiner Amtszeit brennen unzählige Menschen auf dem Scheiterhaufen, verurteilt als Hexen. Der Stadt aber schenkt er ein weiteres Denkmal: 1582 wagt er sich an die Neugründung der Universität. Der erste Versuch von 1402 wird vermutlich wegen Geldmangels eingeschränkt – wohl auch, weil der Rektor 1413 von seinem Kammerdiener erdolcht wurde. Echter lässt ein quadratisches Ensemble in die Altstadt wuchten, gekrönt von der Neubaukirche mit ihrem knapp 80 Meter hohen Turm. Später wird das Herz des Fürstbischofs, der 1617 stirbt, in der Kirche beigesetzt.

Der nächste große Schock trifft Würzburg mit Ausbruch des Dreißigjährigen Krieges. Im Oktober 1631 branden die Truppen des schwedischen Königs gegen die Stadtmauern. Die Festung Marienberg, angeblich uneinnehmbar, fällt schon nach einigen Tagen. Danach herrschen Chaos, Mord und Plünderung, über Jahre fällt Würzburg in Agonie. Das ändert sich erst 1642, als Johann Philipp von Schönborn den Thron des Fürstbischofs besteigt. Sein Spitzname: Vater des Vaterlands.

Rasch verschafft Johann Philipp der geschundenen Stadt Linderung. Feilscht um eine Senkung der Kriegslasten. Drängt die Franzosen, die nun in Franken einfallen, zum Rückzug. Verhandelt mit den Schweden über die Sicherheit seines Hochstifts. Er stößt Gespräche mit Frankreichs Kardinal Jules Mazarin an, nimmt Kontakt zum Kaiser in Wien auf, langjährige Bemühungen, die schließlich 1648 im Westfälischen Frieden münden. Das Ende des Kriegs. Ein Segen für Europa, ein Segen für Würzburg. In der Stadt selbst lässt er seinen Baumeister, den Italiener Antonio Petrini, Burg und Mauer befestigen und Neubaukirche, Juliusspital, Neutor und Domherrenhöfe im Stil des Barock aufhübschen. Sein Großneffe, Johann Philipp Franz von Schönborn, der ab 1719 die Geschicke Würzburgs als Fürstbischof lenkt, widmet sich voll und ganz dem Bau der prunkvollen Residenz in der Stadt (siehe S. 46).

Nach den beiden Schönborns regieren sieben weitere Fürstbischöfe die Stadt, darunter für 17 Jahre noch ein Schönborn, auch er ein Großneffe Johann Philipps. Bis der Wandel der Weltgeschichte auch ihre Karriere beendet. 1802 verändert die Säkularisation die Landkarte Europas, Würzburgs Hochstift fällt größtenteils an Bayern. Und damit endet, fast 700 Jahre nach Barbarossas »Güldener Freiheit«, recht leise die Geschichte von Würzburgs Fürstbischöfen.

BURG WERTHEIM

So alt wie die Artus-Sage ist die um 1132 erbaute Burg nicht, als Inspiration für die Abenteuer der Tafelritter taugt sie aber allemal. Das mag sich auch Wolfram von Eschenbach gedacht haben, der um 1200 auf der Festung Passagen seines Versepos »Parzival« geschrieben haben soll. Im Dreißigjährigen Krieg wurde die Festung stark beschädigt, geblieben ist eine imposante Steinburgruine. Sie thront über dem Städtchen Wertheim, 30 Kilometer westlich von Würzburg, auf einem Sporn zwischen Main und Tauber. Besucher können auf den 25 Meter hohen Bergfried klettern, die Aussicht ist aber auch von der Terrasse des Restaurants ziemlich gut. Und im August ist die Burg gleich doppelt großes Kino, dann werden dort Filme gezeigt. Mit dem Fahrrad ist man von Würzburg rund 2,5 Stunden unterwegs, mit dem Auto um die 40 Minuten. burgwertheim.de

PERLEN AM MAIN

Stromauf- und -abwärts von Würzburg liegen schöne Ziele
für Tagesausflüge. Mal macht der Fluss eine sehenswerte Kurve,
mal setzt er Burgen oder Fachwerkstädtchen in Szene

TEXT **KALLE HARBERG** FOTOS **GEORG KNOLL**

OCHSENFURT

Langsam angehen lassen! Das ist im größten Städtchen des Würzburger Landkreises schon deshalb zu empfehlen, weil es auf kleinem Raum viel Platz zum Schlendern und Schauen gibt. Große Teile der zentralen Hauptstraße sind verkehrsberuhigt oder Fußgängerzone, so wie hier, an der restaurierten Fachwerkzeile mit Blick auf das Neue Rathaus. Dessen Lanzentürmchen ist in der »Stadt der Türme« einer von vielen, die etwas zu erzählen haben. Seine Astronomische Uhr stammt aus dem frühen 16. Jahrhundert. Mehr Türme und Tore kann man entlang der gut erhaltenen historischen Befestigungsanlage abschlendern. Und gesellig wird es hier, südöstlich von Würzburg, nicht nur beim Wein, sondern auch beim Bier der zwei Ochsenfurter Brauereien Kauzen und Oechsner. Die Zugfahrt von Würzburg dauert 17 Minuten.
ochsenfurt.de, kauzen.de, oechsner.de

MAINSCHLEIFE

Ein perfekter Ausflug beginnt schon mit der Anreise: Während der Sommersaison tuckert die 60 Jahre alte, rote Mainschleifenbahn in 25 Minuten von Seligenstadt bei Würzburg bis ins nordöstlich gelegene Volkach. Von dem kleinen Ort geht es hinauf zur Aussichtsplattform auf der Vogelsburg, von der sich ein grandioser Blick eröffnet: auf die Mainschleife, Bayerns größte Flussmäanderlandschaft, entstanden vor rund zweieinhalb Millionen Jahren. Winzige Inseln ragen aus dem Strom, der sich durch die Weinberge schlängelt. Um die Weine vor Ort zu genießen, ist der Bier- und Weingarten des Restaurants »Vogelsburg« ein schöner Platz. Und wer die Mainschleife aus der Nähe erleben möchte, geht in Volkach an Bord der »MS Undine« für eine gemütliche Fahrt durch die Flusskurven.
mainschleifenbahn.de, vogelsburg-volkach.de, mainschifffahrt.info

SOMMERHAUSEN

Die Weinrebe und das Sonnengesicht, die das Wappen über der Hauptstraße schmücken, symbolisieren zwei Stärken des Örtchens: Rund um Sommerhausen, 13 Kilometer südöstlich von Würzburg gelegen, wachsen die Trauben an den Mainufer-Hängen unter idealen, oft sonnigen Bedingungen. Ein Dutzend Weingüter gibt es auf kleinem Raum, auch der Gasthof »Zum Goldenen Ochsen« hat eigene Weinberge, welche die Tochter der Besitzer, eine ehemalige Weinprinzessin und heutige Gästeführerin, gerne bei einem Spaziergang zeigt. Ein Stopp lohnt sich auch beim Weingut im Schloss Sommerhausen, das einen kleinen Hofausschank betreibt. Übrigens: Am gegenüberliegenden Mainufer liegt Winterhausen, die Zugfahrt dorthin dauert von Würzburg 10 Minuten.
goldenen-ochsen.de, sommerhausen.com

SCHLOSS VEITSHÖCHHEIM

Auf dem Mainradweg lässt es sich heute entspannt in das acht Kilometer flussabwärts von Würzburg gelegene Veitshöchheim radeln. Die Fürstbischöfe ließen sich vermutlich eher per Kutsche zu ihrem Sommersitz chauffieren. Ursprünglich war Veitshöchheim nur Heimat eines kleinen Jagdschlosses, das viele Künstler und Baumeister, darunter der omnipräsente Balthasar Neumann, über die Jahre zu einem Palais ausbauten. Seit den 1930er Jahren sind die prächtigen Wohnräume zu besichtigen. Eine Dauerausstellung erzählt, wie der Hofgarten entstand, der vor dem Schloss liegt und aus der einstigen Fasanerie entstand – samt chinesischen Pavillons, mehr als 200 Skulpturen und einem See, auf dem heute noch im Sommer Wasserspiele stattfinden.

schloesser.bayern.de

Akrobatische Kunst im **Weinfass**

Manchmal verselbstständigen sich Ideen. Im Falle unseres Kolumnisten wurde eine in der Weinstube geboren und wuchs dann schnell zu einem abendfüllenden Bühnenstück heran, das aber leider nur ein einziges Mal aufgeführt wurde: im Autonomen Kulturzentrum in Würzburg. Hier lässt er es Jahre später noch einmal aufleben

ILLUSTRATION **P. M. HOFFMANN**

Ich denke nicht gerne an Würzburg. Ich vermeide es noch heute, auf der A3 an der Stadt vorbeizufahren, weil es dort häufig zu Staus kommt und ich mich dann wieder an damals erinnern müsste. Würzburg hätte die Stätte meines größten Triumphes sein können, doch es wurde zu einem Ort der Demütigung.

In Würzburg lebte Harald. Er war Freund, Schauspieler, Regisseur, Autor und ein wagemutiger Koch, mit einer für mich nicht ganz nachvollziehbaren Vorliebe für Hirn und Innereien von toten Tieren. Eigentlich eine barocke Persönlichkeit, in einer ganz und gar unbarocken Zeit. Wir hatten uns in Bielefeld kennengelernt, einer Stadt, die so ziemlich als das Gegenteil von Würzburg gelten kann, der jede Form von Prachtentfaltung und Sinneslust fremd ist und in der es auch heute noch viele Lokale gibt, in denen man besser nichts anderes als Bier und Doppelkorn bestellen sollte.

Besuchte ich Harald, dann begegnete mir am Ortseingang ein großes Schild mit der Aufschrift »Würzburg – das Weinfass an der Autobahn«. Für mich war das ein großartiges Versprechen, eine Stadt, die ihre Besucher nicht mit irgendwelchen Sehenswürdigkeiten quälte, sondern genügend Stoff für einen permanenten Rausch bereitzuhalten schien. Ich be-

An dieser Stelle schreiben unsere Kolumnistinnen und Kolumnisten in unregelmäßiger Folge über die Welt und wie sie ihnen begegnet. **Hans Zippert** *besucht eigentlich nur einen Freund in Würzburg. Und endet als gefundenes Fressen der lokalen Kulturkritiker.*

merkte schon beim ersten Treffen einen merkwürdigen Glanz in Haralds Augen, der sicher auch damit zu tun hatte, dass er mitten in diesem Weinfass wohnte, aber noch viel mehr mit der Stadt selber, in der er mich mit einem gewissen Besitzerstolz herumführte. Vor allem die Residenz hatte es ihm angetan und deren frühere Bewohner, die allmächtigen Fürstbischöfe. Ich spürte deutlich, wie er der vergangenen Zeit nachtrauerte, weil er sich durchaus für den Job geeignet hielt und seine bisherigen Wohnungen schon immer als etwas beengt empfunden hatte. Bei Einbruch der Dunkelheit führte mich Harald in die Weinstube des Juliusspitals. Die Bewohner des dazugehörigen Altenheims hätten das verbriefte Anrecht auf einen kostenlosen Bocksbeutel pro Tag, so versicherte mir mein kundiger Führer, und wir stellten Berechnungen an, wie lange wir wohl noch für unsere Bocksbeutel bezahlen müssten.

Zwar hatte es Harald bisher nicht geschafft, die Residenz zu übernehmen, aber er war immerhin der Fürstbischof des AKW, des Autonomen Kulturzentrums Würzburg, eines Ortes, der genauso aussah, wie man sich so einen Ort vorstellt. Auf der Bühne des AKW wollte Harald »Extrablatt« zur Aufführung bringen, eine Multimedia-Performance, ein avantgardistisches Musical, eine Mischung aus Jesus Christ

Superstar, Sendung mit der Maus, dem diskreten Charme der Bourgeoisie und Ephraim Kishon. Es sollte von der Entstehung einer Zeitung erzählen, vom Gedanken bis zum Druck.

Dieser Plan war an einem verhängnisvollen Abend in der Weinstube entstanden. Innerhalb von wenigen Tagen verfassten wir das sehr umfangreiche Libretto und versicherten uns gegenseitig der Genialität unserer Ideen. Vier Freunde aus Bielefeld wurden zur Teilnahme überredet, doch als die Freunde das Libretto gelesen hatten, bemächtigte sich ihrer eine große Furcht, und sie begannen, ihre Angst im Juliusspital zu bekämpfen. Wir kürzten alles auf vier Seiten herunter, aber am Tag der Uraufführung waren von sechs Akteuren eigentlich nur Harald und ich begrenzt einsatzfähig.

Trotzdem wankten wir alle auf die Bühne des ausverkauften AKW, setzten uns an Schreibtische und simulierten zu den Klängen von Leroy Andersons »Typewriter Symphony« emsige Schreibtätigkeit. Dann folgten akrobatische Einlagen, in denen wir u. a. »Das Ringen um den richtigen Ausdruck« darstellten, indem wir uns grauenhaft verrenkten und knallchargenhaft grimassierten. Harald begann: »Alle Unken rufen...«, und wir anderen hockten unkenhaft am Boden und vollendeten die gewollt unkorrekt formulierte Phrase: »zum Trotz, zum Trotz«. In der nächsten Szene erklärten die Redakteure den Herstellungsprozess des Blattes und skandierten »Rotation, Rotation, Ringo Starr ist Gottes Sohn /linksbündig/ rechtsbündig/ Flattersatz, Flattersatz!« Bei dem Wort »Rotation« drehten wir die Arme umeinander wie ein Schiedsrichter,

der eine Auswechslung anzeigen will, dann deuteten wir synchron nach links und rechts, und beim Wort Flattersatz warfen wir die Arme in die Höhe und wedelten mit den Händen. Der Saal tobte, das wäre der geeignete Moment gewesen, um abzutreten. Aber wir machten noch drei Stunden weiter, zogen uns mehrfach um, kochten aus Buchstabensuppe und Russisch Brot eine Zeitung und behaupteten, diese sei nicht nur ein journalistisches Spitzenerzeugnis, sondern auch kugelsicher. Zum Beweis hielt sich Harald eine Ausgabe der Zeitung vor sein Herz, und wir schossen mit Spielzeugpistolen auf ihn. Er war sofort tot. Unter Zuhilfenahme eines spiritistischen Beschwörungsrituals nahmen wir Kontakt zu ihm im Jenseits auf, und Harald sagte mit Grabesstimme, er sei im Himmel, in der Starkstromabteilung, sie stünden da alle ganz stark unter Strom.

Ich weiß nicht, ob das wirklich so passiert ist, aber der Hausmeister des AKW, der mich inständig bat, doch endlich das Haus zu verlassen, so wie es die Zuschauer und meine Mitstreiter schon vor Stunden getan hätten, versicherte mir, es habe sich genauso abgespielt.

Jeder Künstler weiß, wie das ist: In den Stunden der größten Triumphe sind niemals Kritiker anwesend. Aber sobald man einmal versagt, sitzen gleich mehrere im Publikum und schreiben genüsslich über Zumutungen, Laienspielschar, alkoholisierte Bielefelder und empörte Zuschauer, die ihr Geld zurückhaben wollten. Ich verabschiedete mich von Harald, verließ die Stadt noch am selben Tag und habe seitdem nie wieder ein Weinfass betreten.

MERIAN IMPRESSUM

MERIAN

ERSCHEINT IM

JAHRES ZEITEN VERLAG

EIN UNTERNEHMEN DER **GANSKE VERLAGSGRUPPE**

Chefredakteur	Hansjörg Falz
Stellvertretende Chefredakteurin	Tinka Dippel
Art Direction	Isa Johannsen
Chefin vom Dienst	Jasmin Wolf
Redaktion	Antonia Aust, Kalle Harberg, Jonas Morgenthaler, Stefanie Plarre, Silvia Tyburski;
	Mitarbeit: Cassandra Emami, Ole Heiland, Fabian Kulle, Franz Lenze, Kathrin
	Sander (Podcast), Inka Schmeling (Podcast), Burkhard Maria Zimmermann
Bildredaktion	Violetta Bismor, Tanja Foley, Katharina Oesten (Leitung)
Layout	Inke Cron, Lena Glauche (stellv. AD, in Elternzeit), Tanja Schmidt
Redaktionsmanagement	Bodo Drazba (Ltg.)
www.merian.de	Mila Krull
Kaufmännische Assistenz	Anne Dreßel
Konzeption dieser Ausgabe	Tinka Dippel, Jonas Morgenthaler (Text), Katharina Oesten (Bild)
Autoren	Kristine Bilkau, Dennis Gastmann, Finn-Ole Heinrich, Nils Minkmar
	Thomas Pletzinger, Till Raether, Saša Stanišić, Ilija Trojanow, Hans Zippert
Verantwortlich für den red. Inhalt	Hansjörg Falz
Geschäftsführung	Thomas Ganske, Sebastian Ganske, Susan Molzow (CEO), Peter Rensmann, Arne Bergmann
Publishing Director	Oliver Voß
Head of Creation	Kolja Kahle
Head of Production & Development	Bartosz Plaksa
Gesamtvertriebsleitung	Stefan Hagel (Zeitschriftenhandel), Thomas Voigtländer (Buchhandel)
Abovertriebsleitung	Christa Balcke
Leitung Leserreisen	Oliver Voß
Geschäftsführung Sales und Content Solutions	Arne Bergmann (verantwortlich für Anzeigen)
Senior Brand Manager	Henning Meyer, Tel. 040 2717-2496
Anzeigenstruktur	Corinna Plambeck-Rose, Tel. 040 2717-2237
Marketing Consultant	Alexander Grzegorzewski
Ihre Ansprechpartner vor Ort:	
Region Nord	Jörg Slama, Tel. +49 40 22859 2992, joerg.slama@jalag.de
Region West / Mitte	Michael Thiemann, Tel. +49 40 22859 2996, michael.thiemann@jalag.de
Region Südwest	Marco Janssen, Tel. +49 40 22859 2997, marco.janssen@jalag.de
Region Süd	Jonas Binder, Tel. +49 40 22859 2993, jonas.binder@jalag.de
Repräsentanzen Ausland:	
Belgien/Niederlande/Luxemburg	Mediawire International, Tel. +31 651 48 01 08, info@mediawire.nl
Frankreich/Monaco	Media Embassy International, Tel. +33 (0)6 03 92 09 15, info@media-embassy.fr
Großbritannien/Irland	Mercury Publicity Ltd., Tel. +44 7798 665 395, stefanie@mercury-publicity.com
Italien	Media & Service International Srl, Tel. +39 02 48 00 61 93, info@it-mediaservice.com
Österreich	Michael Thiemann, Tel. +49 40 22859 2996, michael.thiemann@jalag.de
Schweiz/Liechtenstein	Goldbach Publishing AG, Tel. +41 (0) 76 468 83 13, eva.favre@goldbach.com
Skandinavien	International Media Sales, Tel. +47 9222 0650, fgisdahl@mediasales.no
Spanien/Portugal	The International Media House, Tel. +34 91 7023484,
	administracion@theinternationalmediahouse.com

Die Premium Magazin Gruppe im Jahreszeiten Verlag
Gültige Anzeigenpreisliste: Nr. 10
Heft 01/2023 – Würzburg. Erstverkaufstag dieser Ausgabe ist der 22.12.2022. Redaktionsschluss: 23.11.2022
MERIAN erscheint monatlich im Jahreszeiten Verlag GmbH, Harvestehuder Weg 42, 20149 Hamburg, Tel. 040 2717-0
Redaktion Tel. 040 2717-2600, E-Mail: redaktion@merian.de Internet www.merian.de
Abonnementvertrieb und Abonnentenbetreuung DPV Deutscher Pressevertrieb GmbH, Tel. 040 2103-1371,
Fax -1372, www.dpv.de, E-Mail: leserservice-jalag@dpv.de
Merian (USPS no 11458) is published monthly by JAHRESZEITEN-VERLAG GMBH. Known Office of Publication: Data Media (A division of Cover-All Computer Services Corp.),
2221 Kenmore Avenue, Suite 106, Buffalo, NY 14207-1306. Periodicals postage is paid at Buffalo, NY 14205. Postmaster: Send address changes to Merian, Data Media,
P.O. Box 155, Buffalo. NY 14205-0155, E-Mail: service@roltek.com, Toll free: 1-877-776-5835
Vertrieb DPV Vertriebsservice GmbH, www.dpv-vertriebsservice.de
Postproduction K+R Medien GmbH, Darmstadt
Druck und Verarbeitung Walstead Kraków Sp. z o.o., Obrońców Modlina 11, 30-733 Krakau, Polen

Das vorliegende Heft Januar 2023 ist die 1. Nummer des 76. Jahrgangs. Diese Zeitschrift und die einzelnen Beiträge und Abbildungen sind urheberrechtlich geschützt.
Jede Verwertung außerhalb der engen Grenzen des Urheberrechtsgesetzes bedarf der Zustimmung des Verlages. Keine Haftung für unverlangt eingesandte Manuskripte und Fotos.
Jahresabonnementspreis im Inland 118,80 €, für Studenten 59,40 € (inklusive Zustellung frei Haus). Der Bezugspreis enthält 7 % Mehrwertsteuer. Auslandspreise auf Nachfrage.
Führen in Lesemappen nur mit Genehmigung des Verlages. Printed in Germany, ISBN 978-3-8342-3377-6, ISSN 0026-0029, MERIAN (USPS No. 011-458) is published monthly
by JAHRESZEITEN VERLAG GMBH.

Bildagentur Image Professionals GmbH Tumblingerstr. 32, 80337 München, www.imageprofessionals.com
Weitere Titel der JAHRESZEITEN VERLAG GmbH

A&W ARCHITEKTUR & WOHNEN, DER FEINSCHMECKER, FOODIE, LAFER, MERIAN SCOUT, POLETTO, ROBB REPORT

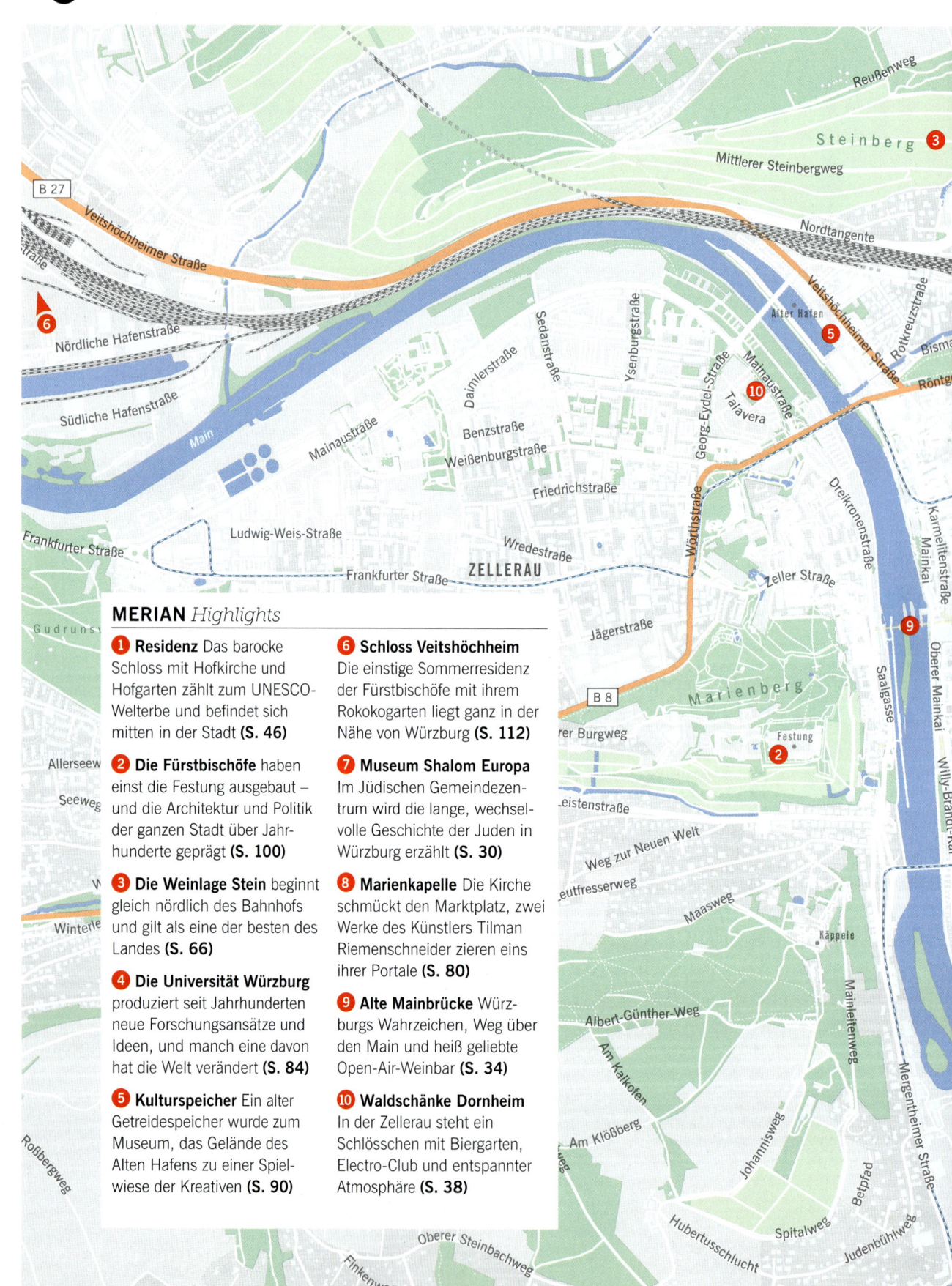

MERIAN *Highlights*

❶ Residenz Das barocke Schloss mit Hofkirche und Hofgarten zählt zum UNESCO-Welterbe und befindet sich mitten in der Stadt **(S. 46)**

❷ Die Fürstbischöfe haben einst die Festung ausgebaut – und die Architektur und Politik der ganzen Stadt über Jahrhunderte geprägt **(S. 100)**

❸ Die Weinlage Stein beginnt gleich nördlich des Bahnhofs und gilt als eine der besten des Landes **(S. 66)**

❹ Die Universität Würzburg produziert seit Jahrhunderten neue Forschungsansätze und Ideen, und manch eine davon hat die Welt verändert **(S. 84)**

❺ Kulturspeicher Ein alter Getreidespeicher wurde zum Museum, das Gelände des Alten Hafens zu einer Spielwiese der Kreativen **(S. 90)**

❻ Schloss Veitshöchheim Die einstige Sommerresidenz der Fürstbischöfe mit ihrem Rokokogarten liegt ganz in der Nähe von Würzburg **(S. 112)**

❼ Museum Shalom Europa Im Jüdischen Gemeindezentrum wird die lange, wechselvolle Geschichte der Juden in Würzburg erzählt **(S. 30)**

❽ Marienkapelle Die Kirche schmückt den Marktplatz, zwei Werke des Künstlers Tilman Riemenschneider zieren eins ihrer Portale **(S. 80)**

❾ Alte Mainbrücke Würzburgs Wahrzeichen, Weg über den Main und heiß geliebte Open-Air-Weinbar **(S. 34)**

❿ Waldschänke Dornheim In der Zellerau steht ein Schlösschen mit Biergarten, Electro-Club und entspannter Atmosphäre **(S. 38)**

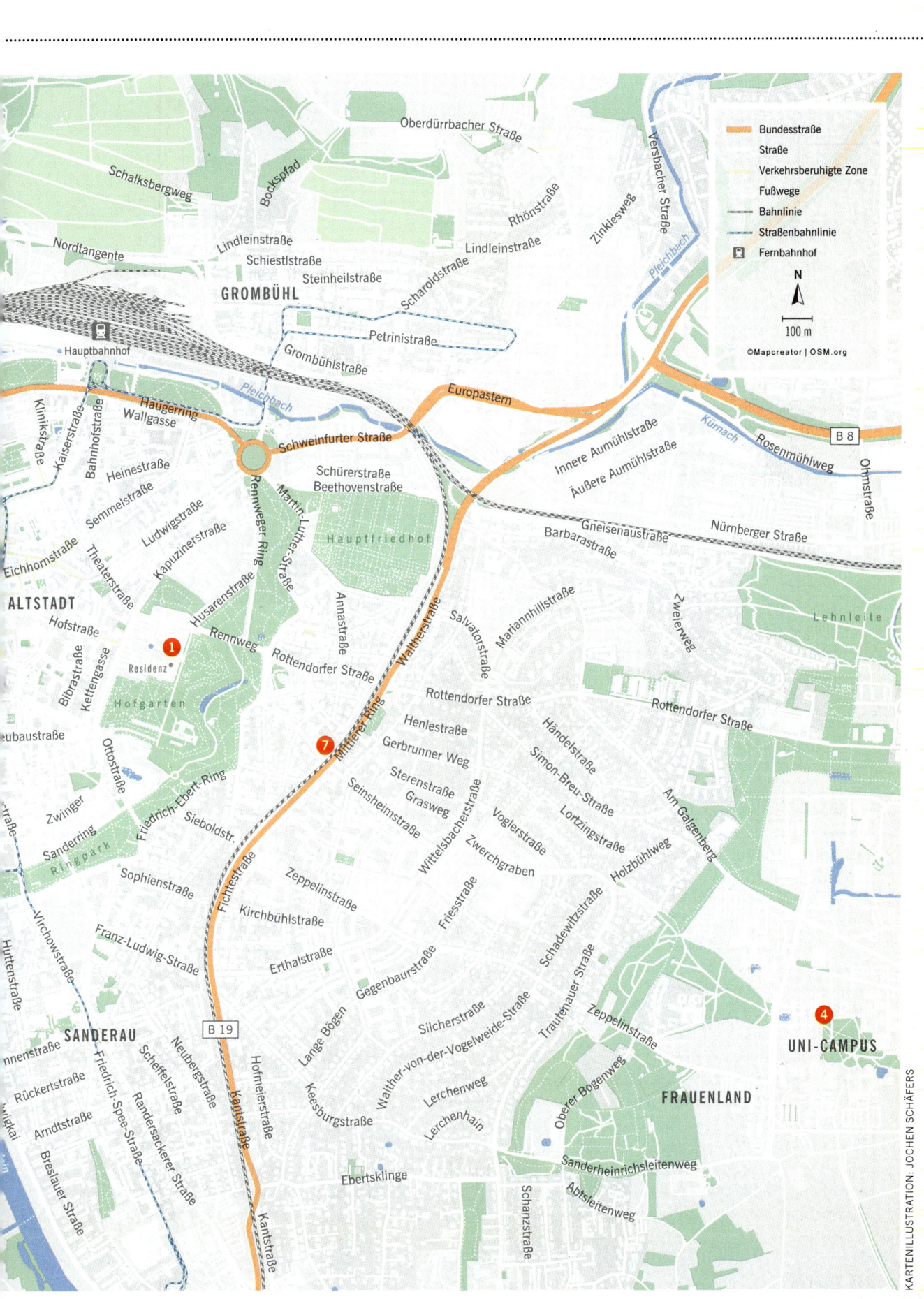

Eine junge Stadt, die gerne feiert

Wann die großen Feste stattfinden, wie Sie sich am besten durch die Stadt bewegen und von wo Sie die beste Aussicht haben

BEVÖLKERUNG

Würzburg hat um die **127 000 Einwohnerinnen und Einwohner,** ist also eine eher kleine Großstadt. Nach Nürnberg ist sie aber immer noch die zweitgrößte Stadt Frankens – allerdings nur etwa halb so dicht besiedelt. Sie gilt als eine der jüngsten Städte in Deutschland, insbesondere wegen der mehr als 30 000 Studierenden. Die Hochschulen sind nicht nur ein Jungbrunnen, sondern auch ein wichtiger Wirtschaftsfaktor für die Stadt. Größte Arbeitgeber sind die Julius-Maximilians-Universität und das Universitätsklinikum.

GEOGRAFIE

Zwischen Weinhängen eingebettet liegt die Stadt mit einer Fläche von 87,6 Quadratkilometern (etwas mehr als die Nordseeinsel Föhr) im unteren Maintal – ziemlich genau mittig **zwischen Frankfurt und Nürnberg.** Der Main fließt von Süden nach Norden durch die Stadt. Von der Promenade an seinem Ufer stets gut sichtbar sind drei Berge: der **Steinberg** mit einer der berühmtesten deutschen Weinlagen, der **Marienberg,** auf dem die gleichnamige Festung thront, und der **Nikolausberg,** mit 359 Metern Würzburgs höchste Erhebung. Es lohnt sich, einen der Berge zu erklimmen, oben findet man stets eine schöne Aussicht auf die Stadt. Beliebt und am attraktiven Stein-Wein-Pfad gelegen ist der denkmalgeschützte Pavillon am **Aussichtspunkt Moltkeruh,** nördlich des Stadtzentrums auf dem Steinberg (rund

40 Minuten vom Hauptbahnhof). Auf dem Nikolausberg steht die **Frankenwarte** mit ihrem 1894 errichteten, 44,5 Meter hohen Aussichtsturm (rund 40 Minuten von der Alten Mainbrücke).

ANKOMMEN UND RUMKOMMEN

Würzburg ist von vielen deutschen Bahnhöfen direkt erreichbar, von Frankfurt etwa fährt man mit dem ICE etwas mehr als eine Stunde, von Nürnberg etwas weniger. Außerdem liegt die Stadt direkt am **Main-Radweg,** sie lässt sich also wunderbar in eine Radtour durch Franken integrieren (mainradweg.de). Auch auf dem Main kommen immer mehr Besucher in die Stadt, Würzburg ist ein beliebter Stopp auf den **Mainkreuzfahrten** des Unternehmens A-Rosa (a-rosa. de). Und sollten Sie mit dem Auto kommen: Stellen Sie es möglichst schnell ab, innerhalb der Stadt sind Sie zu Fuß am besten unterwegs. Und machen Sie eine Stadtführung: Würzburg ist eine vielschichtige Stadt, sie sich erklären zu lassen, lohnt sich. Sehr kundig und unterhaltsam sind die Guides unter dem Label **Würzburger Nachtwächter,** die auch z. B. kulinarische Führungen und Stadtrundfahrten anbieten und ihr Büro mit Vinothek in der Plattnerstraße 5 haben (wuerzburger-nachtwaechter.de). Wer auch mal über die Altstadt hinaus möchte (sehr zu empfehlen!), etwa nach Zellerau im Westen, zum Uni-Campus im Osten oder nach Heidingsfeld im Süden, steigt am besten in die **Straßenbahn,** kurz »Straba« ein (wvv.de).

Wenn mitten in der Stadt ein buntes Dorf wächst: das Weindorf auf dem Markt neben der Marienkapelle

DIE WURZELN DER STADT

Die Geburt Würzburgs wird auf 704 datiert, denn auf dieses Jahr fällt die erste urkundliche Erwähnung – damals allerdings als *Castellum Virteburch.* Ab Ende des 8. Jahrhunderts wächst der Würzburger Dom, 1402 wird die Hohe Schule zu Würzburg gegründet, aus der später die Julius-Maximilians-Universität hervorgeht. Somit ist Würzburg **eine der ältesten Universitätsstädte in Deutschland.** Prägend für die Architektur, die Forschung, die Dichte an Kirchen, aber auch für einen gewissen Bürger-Eigensinn ist die jahrhundertelange Herrschaft der Fürstbischöfe (siehe S. 100).

KRIEG UND WIEDERAUFBAU

Ohne einen Rückblick auf den **16. März 1945** ist das Würzburg von heute nicht richtig zu verstehen. Kaum jemand in der Stadt rechnete mit Bombardements, sie war ein spätes und eigentlich unwahrscheinliches Kriegsziel. Doch am 16. März, keine zwei Monate vor Ende des Zweiten Weltkriegs, wurde sie durch

FOTO: VEREIN WÜRZBURGER FESTWIRTE E.V.

britische Bomber zu mehr als 80 Prozent in Schutt und Asche gelegt. Innerhalb einer Nacht war die eng mit Fachwerkhäusern bebaute Innenstadt so gut wie komplett zerstört. Um die 4000 Menschen starben. Ihre einstige Schönheit bekam die Stadt nie zurück, aber Perlen wie Residenz, Falkenhaus und Dom wurden wiederaufgebaut. Knapp 20 Minuten dauerte der gegen 21.20 Uhr begonnene Angriff. Ebenso lange läuten um diese Uhrzeit jedes Jahr am 16. März die Kirchenglocken der Stadt und erinnern an die Zerstörung.

FESTE, LÄUFE, MÄRKTE

Am 23. April 2023 kommt Würzburg in Bewegung, dann findet der nächste **Marathon** statt (wuerzburg-marathon.de). Eine Woche später, am 30. April, ist die Strecke für mehr Trainingslevels kompatibel, der **Residenzlauf** führt um das Barock-Highlight der Stadt herum – in verschiedenen Distanzen (maximal zehn Kilometer). Auch viele Kinder und Familien sind dann dabei (residenzlauf.de).

Ende Mai bis Anfang Juni wird die Stadt zum Dorf, zum **Weindorf** genauer gesagt, zumindest auf dem Marktplatz. Es wird geschlemmt, Wein verkostet und gefeiert (weindorf-wuerzburg.de). Von Ende Juni bis Mitte Juli findet auf der Talavera, einem weitläufigen Platz im Stadtteil Zellerau (gleich neben der »Waldschänke Dornheim«, siehe S. 38), das **Kiliani-Volksfest** statt – inklusive Bierzelt, Biergärten und Trachtenumzug. Zur selben Zeit ist der Markt fast komplett eingenommen von der traditionsreichen **Kiliani-Verkaufsmesse** mit einem großen Angebot unterschiedlichster Waren. Und um das Jahr auf Würzburgs Marktplatz abzuschließen: Dort findet von Ende November bis Ende Dezember auch der **Weihnachtsmarkt** mit rund 100 Ständen statt.

INFO

Weitere Informationen und geführte Touren: Tourist Information & Ticket Service im Falkenhaus am Markt oder unter **wuerzburg.de**.

Unsere Hoteltipps

Boutique Hotel Canel

Hasan Canel hat dieses kleine, feine Hotel im April 2022 eröffnet – direkt am historischen Viertel Pleich und nah am Main und am Congress-Centrum. Es hat 26 schlichte, schöne Zimmer und ein gutes Restaurant im Erdgeschoss – in dem Sie sich unbedingt ein Frühstück gönnen sollten!
Pleichtorstr. 8, hotel-canel.de

Best Western Premier Hotel Rebstock

Bis 1408 reicht die Tradition als Gasthaus zurück. Hinter der Rokoko-Fassade geht Hotelier Christoph Unckell aber mit der Zeit, im schicken Neubau nebenan sowieso. Komfortable Zimmer, gutes Frühstück, Spitzenküche im »Kuno 1408« – in diesem Hotelklassiker ist man wirklich gerne Gast.
Neubaustr. 7, rebstock.com

Moxy Würzburg

Das im Oktober 2022 etwas östlich des Bahnhofs eröffnete Haus hält, was die »Moxy«-Brand der Marriott-Gruppe verspricht: ein junges, trendiges Ambiente mit großen Gemeinschaftsbereichen, gemäßigte Preise, Check-in mit Drink an der Bar und, klar doch, *instagramable bedrooms*.
Schweinfurter Str. 10, marriott.com

Glänzende Achse:
Hohenzollernbrücke, Dom
und Museum Ludwig

Kleine Welle:
Der Rhein taugt
auch als Surfspot

Bunte Lebensader:
Die Venloer Straße ist
voller Kontraste

Perfekte Inszenierung:
Rodin und mehr im
Wallraf-Richartz-Museum

FOTOS: JASCHA HEUBAUM/ADOBE STOCK, LARS MARTENS/SURFKOELNE.DE, DOMINIK ASBACH, GULLIVER THEIS

Köln

KULTACHSE Eine kleine Weltreise durch die Venloer Straße
JECKENKULT Bestatter und Karnevalist Christoph Kuckelkorn im Gespräch
KÜCHENKUNST Von der Kölschkneipe bis zum Gourmetrestaurant
BETONBAUTEN Wie die Architekten-Familie Böhm die Stadt geprägt hat

Zuletzt erschienen:

August 2022

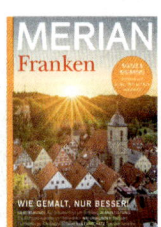

September 2022

Oktober 2022

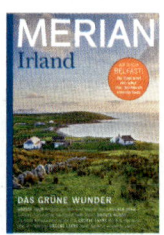

November 2022

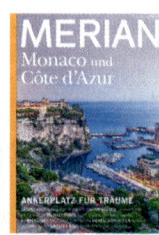

Dezember 2022

In Vorbereitung:
Barcelona und Katalonien
Frankreich neu entdecken
Norwegen